基金资助

国家社会科学基金项目
"特大城市社会养老的公共政策创新研究"
（16BSH137）

照料者福利

ZHAOLIAOZHE FULI

中国社会养老公共政策创新研究

李俊 著

图书在版编目(CIP)数据

照料者福利:中国社会养老公共政策创新研究/李俊著.—北京:北京大学出版社,2020.4
ISBN 978-7-301-31294-0

Ⅰ.①照… Ⅱ.①李… Ⅲ.①养老—社会福利制度—制度建设—研究—中国 Ⅳ.①D669.6

中国版本图书馆 CIP 数据核字(2020)第 043338 号

书　　　名	照料者福利:中国社会养老公共政策创新研究 ZHAOLIAOZHE FULI:ZHONGGUO SHEHUI YANGLAO GONGGONG ZHENGCE CHUANGXIN YANJIU
著作责任者	李　俊　著
责 任 编 辑	尹　璐
标 准 书 号	ISBN 978-7-301-31294-0
出 版 发 行	北京大学出版社
地　　　址	北京市海淀区成府路 205 号　100871
网　　　址	http://www.pup.cn　新浪微博:@北京大学出版社
电 子 信 箱	sdyy_2005@126.com
电　　　话	邮购部 010-62752015　发行部 010-62750672 编辑部 021-62071998
印　刷　者	大厂回族自治县彩虹印刷有限公司
经　销　者	新华书店 965 毫米×1300 毫米　16 开本　14.5 印张　168 千字 2020 年 4 月第 1 版　2020 年 4 月第 1 次印刷
定　　　价	52.00 元

未经许可,不得以任何方式复制或抄袭本书之部分或全部内容。
版权所有,侵权必究
举报电话:010-62752024　电子信箱:fd@pup.pku.edu.cn
图书如有印装质量问题,请与出版部联系,电话:010-62756370

目　录
CONTENTS

导　论 // 001

第一章　照料者福利概述 // 007
　　第一节　社会福利的含义与分类 // 009
　　第二节　福利多元化 // 015
　　第三节　照料者福利 // 019

第二章　社会转型背景下的老年人长期照料 // 041
　　第一节　社会转型对老年人长期照料的影响 // 043
　　第二节　老年人长期照料的相关法律政策梳理 // 050

第三章　城市老年人家庭照料者的实证研究 // 067
　　第一节　城市老年人家庭照料者的照料负担研究 // 069
　　第二节　城市老年人家庭照料者的照料意愿研究 // 095

第四章　我国的照料者福利实践 // 117
　　第一节　长期护理保险 // 119

第二节　喘息服务 // 131

第三节　培训与咨询 // 136

第四节　支持群体 // 143

第五节　特殊照料者福利 // 148

第五章　我国照料者福利的制度设计 // 153

第一节　国家与家庭的福利责任划分 // 155

第二节　我国社会福利制度的发展趋向 // 158

第三节　我国照料者福利的制度设计 // 161

附录 // 189

参考文献 // 207

后记 // 228

导 论

进入 21 世纪以来，"银发浪潮"席卷我国。而在人口老龄化、失能老年人不断增多的同时，我国正在经历一场深刻的社会变迁，家庭赡养功能的弱化就是其中的一个重要方面。这使得养老成为一个真实的社会问题。因为在人口老龄化还不那么严重、家庭能够有效发挥赡养功能的前提下，为老年亲属养老送终是绝大多数家庭可以做到的事情，因此绝大多数老年人都可以在家中安享晚年。而现在一切都发生了变化，家庭人口越来越少，老年人与子女分开居住，空巢老人家庭与独居老人家庭越来越多。再加上子女的工作、生活压力越来越大、孝道衰弱，子女赡养老年人的能力与意愿都较以往下降。无数进入或即将进入老年的人开始担忧自己的未来，不能确定自己能否在需要时得到子女的照料；而有老年父母的子女也担忧着父母的养老问题，不能确定自己能否在父母需要时去照顾他们。社会转型的成本就是这样通过养老、医疗、教育、住房等方面转嫁到个体与家庭上。

从表面上看，市场化确实带来了多样化与多层次的产品与服务，但大多数人因为支付能力有限而不得不努力打拼，以实现相对体面的生活。在改革开放四十多年后的今天，我们是否应该深刻地反省社会转型的成本，减少社会转型对个体和家庭的冲击？能否提高人

照料者福利：中国社会养老公共政策创新研究

民群众的获得感、幸福感和安全感是衡量改革开放成败得失的基本指标。试问在当今的养老领域，老年人及其家庭照料者有获得感、幸福感和安全感吗？虽然在调研中，我们看到了很多进步，如"社区老年食堂""日间照料中心""长者照护之家"等设施的不断出现，以及"长期护理保险""智慧养老"等制度和理念的不断提出，但当老年人对未来越来越忧虑，家庭照料者拉着我们的手哭诉时，对上述问题我们又不那么确定了。

为什么会这样？笔者一次次地问自己，并不断寻找答案。国外关于老年人长期照料的法律政策给了笔者很大的启发。近20年来，各国社会福利制度都出现了一个新的特点或者说是发展趋势，即国家对家庭照料者的支持，表现在经济支持、服务支持和精神支持等多个方面。来自社会的支持使家庭照料者认为照料老年人是一件非常有意义的事情，而且切实的支持也在很大程度上减轻了他们的照料负担。对于老年人来说，家庭是颐养天年的最佳场所，不仅可以满足自己的个性化需求，还能够享受亲情的温暖。对于国家而言，家庭照料也是最经济与最稳定的方式，财政压力最小，社会冲突最少。然而，为什么目前我国法律政策只有对家庭照料重要性的强调，却没有对家庭照料者的实际支持呢？原因不仅仅在于我国是发展中国家，国家的财力有限。大量的经费流向机构养老和社区养老，而家庭养老方面的投入寥寥无几；大量的培训针对养老护理员，而针对家庭照料者的培训却很少。根本原因是，政策制定者认为家庭养老是天经地义的，血缘亲情与孝道伦理可以使大多数家庭成员自愿照料老年人，国家不需要承担太多的责任。但国家真的可以不承担责任吗？在大多数家庭无法承受巨大的照料负担，机构养老又无力容纳所有急需照料的老年人时，社会风险就会显性化。所以，我们必须真正认识到，在中国，家庭养老是基础，社区养老与机构养老主要是为家庭养老提供支持。针对这个问题，很多学者都在研究中指出了家庭养老的重要性，呼吁国家应该支持家庭照料者，但由于大多数研究都不是专门性的研究，只是附带地提及他们的建议，所以在这个议题上还没有发挥学术推动社会发展的作用。本书的主旨就在于破除当前我国家庭养老的困境，从宏观与微观层面构建照料者福利制度，以为我国的养老事业贡献绵薄之力。

本书共分为五章。第一章从社会福利的含义与分类开始，论及福利多元化是大多数国家社会福利制度的主要特点。然后，详细论述了作为间接社会福利的照料者福利，包括提供照料者福利的必要性、照料者福利的含义与内容。

第二章指出，社会转型对我国老年人长期照料产生了重大影响，使养老不仅是家事也是国事。然而，法律政策的发展滞后于社会转型的广度与深度，由此导致长期照料的供给远远跟不上需求。因此，未来要不断完善长期照料方面的法律与政策，尤其是在支持家庭照料者方面，以此促进家庭养老的可持续发展。

第三章通过定量研究考察城市老年人家庭照料者的照料负担与照料意愿，来说明老年人长期照料领域中的潜在风险。如果未来不能有效地支持家庭照料者，潜在的社会风险就可能转变为现实的社会危机。

第四章指出，为了应对老年人长期照料的压力，我国在长期的政策实践中已经有了照料者福利的萌芽。如果以照料者是否直接受益为依据，可以将照料者福利划分为直接的照料者福利与间接的照料者福利。已经在全国试点的长期护理保险制度主要针对失能老年人，对家庭照料者的照料负担有着缓解作用，因而可以视为间接的照料者福利。直接的照料者福利在我国目前还比较少且只是在小范围内开展，主要包括喘息服务、培训与咨询以及支持群体。

第五章指出，照料者福利制度的发展与完善，是家庭养老的现实需要，更是政府担当的生动体现。与国外不同的是，我国照料老年人的责任基本上由家庭照料者承担，因此目前需要渐进式增加照料老年人的国家责任，包括支持家庭照料者，给予家庭照料者一定的福利。在这一章中，笔者首先从理论上阐述国家与家庭的福利责任划分，然后论述了我国社会福利制度的发展趋向，最后对我国照料者福利的制度设计作了全面的勾勒。

总体上说，本书的最大创新是开拓了我国社会福利制度的一个新的领域，为我国家庭养老的可持续发展提供了可行的路径，未来基于这一研究成果之上的法律政策制定将使家庭照料者真正获益，从而有力地推动我国养老事业的发展。当然，本书由于查阅资料还不够全面、调研范围主要在上海，还有一定的局限性。期待未来能有更多的相关研究出现，合力推进我国支持家庭养老的顶层设计。

第一章

照料者福利概述

本章从社会福利的含义与分类开始,论及福利多元化是大多数国家社会福利制度的主要特点。最后详细论述了作为间接社会福利的照料者福利,包括提供照料者福利的必要性、照料者福利的含义与内容。

第一节　社会福利的含义与分类

社会福利既可以指社会福利状态,也可以指社会福利制度。[①] 本书主要关注"作为制度的社会福利",而作为制度的社会福利,依据不同的标准,又可以有多种分类。

一、社会福利的含义

一般认为,社会福利有两层含义:第一,社会福利是指一种旨在帮助人们满足社会、经济、教育和医疗需要的国家项目、补助和服务制度,这些需要是维持一个社会的最基本条件;第二,社会福

---

① 尚晓援:《"社会福利"与"社会保障"再认识》,载《中国社会科学》2001年第3期。

利是指一个社会共同体的集体的幸福和正常的存在状态。①

（一）作为状态的社会福利

美国社会政策学者米奇利（James Midgley）把社会福利定义为"当社会问题得到控制、人类需要得到满足以及社会机会最大化时，人类正常存在的一种情况或状态"②。

作为状态的社会福利可以用主观指标和客观指标来测量。主观方面，福利状态往往是通过询问个人对总体生活或不同生活领域（如工作、家庭、社区生活等）的幸福感或满意度来测量的。不仅不同国家的公民的幸福感不同，同一个国家的公民的幸福感也会不同，因为哪怕生活在同一个国家，个体的异质性也会造成其对生活有不同的体验。因此，主观测量必须关注不同群体的幸福感，识别哪些群体更不幸福，以及是什么原因导致其不幸福。客观方面，福利状态主要通过一些替代性指标来测量，其中包括经济福利指标和非经济福利指标。具体到公民个人，前者主要包括个人收入与家庭人均收入，后者主要包括受教育状况、健康和营养状况、环境状况、增权和参与状况。与主观指标一样，我们也需要具体识别哪些群体的经济福利和非经济福利较少，以及是什么原因导致的。主观指标与客观指标存在强相关，客观指标较差，主观指标必然不会太好，因此，要特别注重客观指标的测量。

（二）作为制度的社会福利

在社会福利的实际运用中，最常见的是作为制度的社会福利。

---

① Robert L. Barker, *The Social Work Dictionary* (4th ed.), Washington, DC: NASW Press, 1999, p. 454.
② James Midgley, *Social Welfare in Global Context*, Thousand Oaks, CA: Sage Publications, 1997, p. 5.

美国社会工作者协会（National Association of Social Workers，NASW）对社会福利的定义是："一个国家的方案、给付与服务体系，用来协助人们满足社会、经济、教育与健康的需求，使社会得以维系下去。"①

作为一种制度或政策，社会福利有广义和狭义两种理解。狭义的"社会福利"是指为帮助特殊的社会群体、疗救社会病态而提供的社会服务，又称"福利服务"（welfare services）。可见，狭义社会福利以"弱势群体"或社会边缘群体为对象或"案主"（client），以传统社会工作（照顾老弱病残等）为主要内容。广义的"社会福利"常用于国际上比较社会政策的研究和对福利国家的研究中，它是指国家和社会为实现"社会福利"状态所做的各种制度安排。与狭义社会福利相比，广义社会福利具有以下三个特征：首先，广义社会福利的对象扩大到了全体公民，强调促进和实现人类的共同福利。其次，社会福利的项目从针对弱势群体的社会救助和社会福利服务扩大到覆盖全体公民的教育、就业、养老、医疗与住房等项目。最后，社会福利的提供者也扩大为全社会。即便是在福利国家，政府也不是唯一的福利提供者。②

作为状态的社会福利和作为制度的社会福利是相辅相成、密不可分的。社会福利状态是目的，社会福利制度是手段。也就是说，通过社会福利制度的设计与实施，最终实现理想的社会福利状态。

---

① Robert L. Barker, *The Social Work Dictionary* (4th ed.), Washington, DC: NASW Press, 1999, p. 221.
② 黄晨熹：《社会福利》，格致出版社、上海人民出版社2009年版，第11—13页。

二、社会福利的分类

对于作为制度的社会福利,学界通行的分类是狭义社会福利与广义社会福利(如上文)。除此之外,有的学者还提出了不同的分类。

(一)社会福利、财政福利与职业福利

蒂特马斯(Richard M. Titmuss)认为,所有为了满足某些个人需求或为了服务广泛社会利益的集体干预大致可分为三大类:社会福利(social welfare)、财政福利(fiscal welfare)和职业福利(occupational welfare)。[①] 这里的社会福利是指国家福利和社会服务,或直接公共服务(如教育和健康照料)和直接现金给付(如退休金和养老金);财政福利是指具有明确社会目标的特别减税和退税措施,如在许多发达国家,蒂特马斯把它看成是一种转移支付(transfer payment);职业福利,也称为"附带福利"(fringe benefit),是指与就业或缴费记录有关的由企业提供的各种内部福利,可以现金或实物形式支付,常常由政府依法强制实施,如企业补充医疗和养老保险、子女教育和住房补助、带薪假期等。蒂特马斯认为,社会福利只是社会政策的"冰山一角",而财政福利和职业福利则是"社会政策冰山的水下部分",在社会政策中占主体地位(见图1-1)。[②]

[①] Richard M. Titmuss, *Essays on the Welfare State*, London: Allen & Unwin, 1958.
[②] 〔英〕理查德·蒂特马斯:《社会政策10讲》,江绍康译,商务印书馆(香港)有限公司1991年版,第13页。

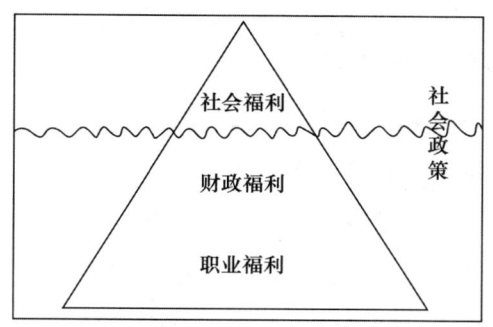

图 1-1　蒂特马斯对福利的划分方法

不论蒂特马斯的社会福利分类是否正确，笔者非常认同他提出的社会福利的占比，因为在福利多元化的大趋势下，的确要将社会福利的来源拓宽，从而应对各种社会风险。大量证据表明，在过去的几十年中，财政福利和职业福利的增长至少和传统的社会开支的增长一样快。①

（二）直接社会福利与间接社会福利

有一类社会群体，从其自身来看并不属于弱势群体，但他们因为某种原因（如抚育子女、照料失能的亲人等）而处于暂时的困境之中。所以，社会福利也必须考虑这类特殊的社会群体，给他们提供各种支持，使他们尽快脱离困境，更好地照顾其他家庭成员，并努力实现个人发展。因此，社会福利还可以分为直接社会福利与间接社会福利。直接社会福利是指直接给予福利对象的社会福利，涉及狭义社会福利与广义社会福利，但主要指狭义社会福利，即社会福利对象主要是弱势群体。间接社会福利的对象是与弱势群体密切

---

① 〔美〕Neil Gilbert、Paul Terrell：《社会福利政策导论》，黄晨熹等译，华东理工大学出版社 2003 年版，第 66—67 页。

相关的个人、群体与组织,如弱势群体的家人、有弱势群体的家庭、以弱势群体为服务对象的组织等。通过帮助他们,间接实现弱势群体的社会福利。例如,米奇利认为,政府通过税收调节社会福利水平的政策,如对有儿童的家庭减免税收以促进该群体的福利等。[①] 在帮助弱势群体方面,间接社会福利虽然不如直接社会福利立竿见影,但对于动员家庭成员与社会力量成为持续的福利供给主体、使弱势群体获得更多的支持、构建良好的社会共同体等方面有着积极意义。

既往的大多数研究关注直接社会福利,有关间接社会福利的研究还比较少。笔者认为,间接社会福利的研究应着重考虑以下几个方面:第一,社会福利对象困境的暂时性,从他们的教育程度、职业、收入来看,大多数并不属于弱势群体或边缘群体,他们是因为特殊的原因暂时陷入困境,一旦特殊原因消失或他们有足够的应付困境的能力,就可能走出困境;第二,社会福利供给的必要性,如果不及时施以援手,不仅会影响这类社会群体的自身发展,而且会影响社会最小单元——家庭的正常运行;第三,社会福利的多元性,由于这类社会群体构成复杂、需求各异,因而需要有来自不同供给主体的、不同内容的福利项目。

从各国社会福利的发展趋向来看,随着社会发展水平的不断提高,社会福利不再仅仅针对弱势群体,而是逐步演变为针对全体公民,既包括直接社会福利的对象,也包括间接社会福利的对象。获得社会福利对公民而言是权利,对政府与社会而言则是责任。

[①] James Midgley, *Social Welfare in Global Context*, Thousand Oaks, CA: Sage Publications, 1997, pp. 5-6.

第二节　福利多元化

目前，大多数国家的社会福利制度都强调福利多元化。所谓福利多元化，是指福利提供不应局限于政府一家，而应由多个部门（如志愿部门、私营部门和非正式部门）共同提供，以减少政府在福利提供中的作用，达到控制福利开支的目的。[1]

一、社会福利供给主体的多元化

1. 非正式部门

非正式部门主要包括家庭成员、亲戚、朋友和社区。吉尔伯特（Neil Gilbert）和特雷尔（Paul Terrell）认为，家庭不仅是社会化的重要场所，而且是提供社会、经济和情感支持的福利手段。[2] 在很多国家，家庭成员承担了大部分照料工作，这既能有效地满足被照料者的需求，又节约了大量的财政开支。我国长期以来都是以家庭养老为主，一方面老年人能够享受天伦之乐、衣食无忧；另一方面政府也可以免除供养庞大老年人口的福利负担，集中精力促进国力发展。20世纪70年代后，由于社会照料领域强调"正常化"或"去机构化"原则，被照料者从照料机构（如养老院等）回归社区，社区便在福利提供中发挥着越来越重要的作用。

2. 公共部门

公共部门即政府。20世纪以来，政府或国家已成为主要的社会

---

[1] 黄晨熹:《社会福利》，格致出版社、上海人民出版社2009年版，第39页。
[2] 〔美〕Neil Gilbert、Paul Terrell:《社会福利政策导论》，黄晨熹等译，华东理工大学出版社2003年版，第66—67页。

福利提供者。米奇利等认为，政府影响社会福利的制度安排包括两类：第一类是直接提升人们之福祉的国家福利政策，一般包括"六大服务"，即社会保障或收入保障服务（包括社会保险和社会救助）、医疗服务、教育、住房、就业、社会工作服务和对个人的社会服务。第二类是间接提升人们之福祉的经济、环境或其他政策。例如，提升贸易量的经济政策可以增加新的就业机会，推行最低工资可以确保雇员的收入，个人工作所得税豁免可以提高可支配收入，这些措施都能影响社会福利状态，促进有关群体的福利。[1] 吉尔伯特和特雷尔认为，政府所制定的许多规章制度都有助于社会福利目标的实现，这也是一种集体干预形式，即他们所谓的规制福利。这种规制福利广泛存在于各种社会制度中，如婚姻家庭法可以确保长者和儿童获得家庭成员（特别是单亲子女的非监护方父母）的支持；慈善捐款税收减免可以让宗教机构和非政府组织获得资金来帮助需要帮助的人；劳动法可以确保企业雇员获得最低工资和各种补贴。[2]

3. 私营部门

私营部门主要指营利机构，或吉尔伯特和特雷尔所指的"市场"。20世纪80年代后，私营化浪潮冲击社会福利领域。商业公司开始凭借其高效、反应灵敏、（消费者）选择自由等优势打入社会服务市场，特别是在养老、医疗等方面。这不仅包括资金雄厚的大公司，也包括大量的私人执业者。以我国老年人长期照料为例，一部分养老院与护理站就是大公司或私人投资兴建的。上海市近年来积

---

[1] James Midgley, Kwong-Leung Tang, Individualism, Collectivism and the Marketization of Social Security: Chile and China Compared, 3 *Review of Policy Research* 19 (2002), pp. 57-84.

[2] 〔美〕Neil Gilbert、Paul Terrell：《社会福利政策导论》，黄晨熹等译，华东理工大学出版社2003年版，第70—71页。

极鼓励社会力量参与长期护理服务,一些知名品牌相继涌现,如福寿康(上海)家庭服务有限公司、颐家(上海)老年服务有限公司、上海济家云海护理站(民办非企业单位)等。市场力量的参与在一定程度上缓解了财政压力,同时由于市场竞争,社会服务水平有了很大的提升。

4. 志愿部门

志愿部门有时被称为"第三部门",主要指宗教机构和非营利组织,两者都不以营利为目的。在福利供给方面,志愿部门的作用主要是直接提供服务,如医疗、教育、扶贫等,除此之外,还有筹资、咨询等方面。很多学者认为,志愿部门的作用是对公共服务的拾遗补缺,其实不尽然。有的非营利组织成为某一福利供给领域的引领者,因为它们最早发现了这一需求,运作成功后,政府才开始介入。例如,20 世纪 50 年代,瑞典红十字协会受英国的启发,实施了一项重要的主动行为,即在瑞典组织了第一次针对老年人的家庭帮助。50 年代末,瑞典政府从红十字协会接手了老年人家庭帮助服务的责任。[①] 还有的非营利组织擅长项目设计与管理,其示范作用对于社会福利的供给产生了积极影响。

5. 互助团体

与以上社会福利供给主体相比较,目前互助团体的影响比较有限。互助团体是指基于成员之间的相互依存关系而形成的社会连带组织。互助团体历史悠久,工会、行业协会、互助会等传统福利组织曾发挥了重要的作用。这里以相互保险为例。相互保险是指由一些对同一危险有某种保障要求的人或机构所组成的组织,以相互帮

---

① Magnus Jegermalm, Direct and Indirect Support for Carers, 4 *Journal of Gerontological Social Work* 38 (2003), pp. 67-84.

助为目的，实行"共享收益，共摊风险"。相互保险思想最早可以追溯至古埃及的互助共济行为和古罗马的互助共济组织"格雷基亚"，而中世纪欧洲的"基尔特"组织则是相互保险思想的典型体现。这些互助组织都是在商业保险缺位的情况下由人们自发形成的一种风险管理方式。国际合作与相互保险联盟发布的数据显示，截至2017年年末，全球相互保险收入共1.3万亿美元，占全球保险市场总份额的27.1%，而美国相互保险的规模占保险市场总额的比例则高达37%。美国是拥有全球最大数量相互保险公司的国家，在2014年就达到了1770家，目前已增加到2000家左右。① 除了资金共济，互助团体还可以提供各种帮助，如咨询、精神慰藉等，这方面做得比较成功的是各类支持群体，如由丧偶老人、失独老人、家庭照料者等自主建立的群体。

二、社会福利供给主体之间的合作

有些学者认为，福利多元化的实质是筹资渠道的多元化。的确，从发达国家的社会福利发展历程来看，福利多元化的后果就是相对于公共开支，私人开支在总开支中的比重稳步提高。但笔者认为，从筹资或控制政府福利开支的角度认识福利多元化还过于狭隘，从更广的角度来看，还要强调福利多元合作，以实现福利多元化的终极目标——福利供给最大化。原因在于，福利的每一元既有自己的优势，也有自己的不足。以老年人长期照料为例，虽然非正式部门（主要包括家庭成员、亲朋好友和社区）的照料者竭尽所能地提供照料，但由于缺乏专业知识与技能，他们提供的照料未必是最佳的，

---

① 宣卓尔、宫继英：《美国相互保险的发展经验及其对我国的启示》，载《中国保险报》2019年2月12日第8版。

甚至是不合格的。例如，由于不知道如何照料卧床老年人导致老年人出现肺部感染等，甚至死亡。因此，如果我们要继续发挥非正式部门在长期照料中的优势，就必须让其他部门为其提供有效的支持。例如，公共部门可以提供各种支持（主要是政策引导、经济支持和直接服务），志愿部门和私营部门可以提供专业支持或直接服务。除了支持非正式部门的福利供给之外，公共部门还可以通过政府购买的方式，促进志愿部门和私营部门福利供给量的增加与质的提升。此外，非正式部门内部还可以形成互助团体，成员之间相互帮助（见图1-2）。

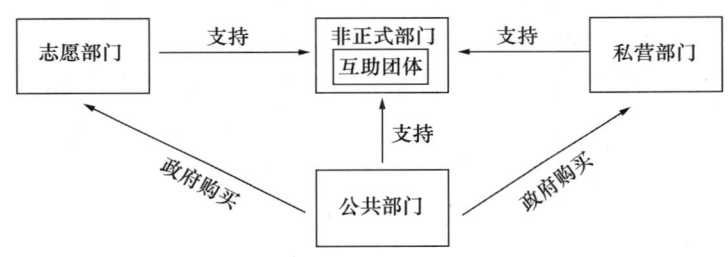

图1-2　社会福利供给主体之间的合作

综上所述，福利多元化是大多数国家社会福利制度的特征或发展趋势。在广义社会福利的背景下，各国一方面应加强各个社会福利供给主体的培育与支持；另一方面应强调社会福利供给主体之间的合作，以实现福利供给最大化。由此，不仅弱势群体能得到有力的支撑，而且全体公民也能得到一定的保障；不仅直接社会福利对象能得到直接的获益，间接社会福利对象也能得到一定的支持。

第三节　照料者福利

依据2019年的全球人口数据，年龄在65岁及以上的人，占总人口数的9%。预计世界老年人口比例将在2030年达到近12%；到2050年达到16%；到2100年可达到近23%。[①] 由于非正式照料（主要是家庭照料）在国家花费很少的情况下为有效照料老年人作出了巨大贡献，因此，为了应对老年人长期照料的压力，大多数国家一方面发展正式照料（兴建养老院、日间照料中心等），另一方面提供支持以继续发挥非正式照料的作用。照料者福利就是对这些国家支持老年人非正式照料方面的法律政策与相关私营部门内部规定的概括。

一、长期照料的巨大压力亟须加强家庭的照料功能

当前，世界上大多数国家都面临着老年人口长期照料压力持续增长的困境。主要原因一方面是老年人口长期照料的需求上升，另一方面是老年人口长期照料的供给不足。

老年人口长期照料的需求与老年人的平均寿命和生活品质要求直接相关。一般来说，老年人的平均寿命越长，生活品质要求越高，老年人口长期照料的需求也越高。经济社会发展水平的提高，导致人口寿命的延长，而老年人尤其是很多高龄老年人患有长期慢性疾病，需要大量的照料。与此同时，老年人的需求结构也发生了重大变化。例如，菲利普斯（David R. Phillips）指出，应从更广的视角研究照料，照料不仅包括医疗照料，还包括社会照料、住房、物质福利和宗教幸福。[②] 此外，心理支持（如安慰、提供打发时间的活

[①] United Nations, Department of Economic and Social Affairs, World Population Prospects 2019: Highlights, 2019.

[②] David R. Phillips (ed.), *Ageing in the Asia-Pacific Region: Issues, Policies and Future Trends*, London: Routledge, 2000, pp. 1-34.

动）也很必要，它体现了照料的质量和社会接纳程度。

在涅霍夫（Anke Niehof）的照料安排框架中，他指出了照料发生的五个层面：个人、家庭、社区、国家和市场领域，而家庭是大多数社会中服务提供的核心。[①] 大多数国家重视家庭照料的根本原因是，相对于机构照料，家庭照料的成本要低很多，当然这主要是因为照料者的人工成本是隐性的，没有计算在内。自加拿大长期照料的重心转移到家庭和社区之后，非正式照料者承担了85%—90%的家庭照料，家庭照料者每年为加拿大健康体系节省了5亿多加元，他们也提供了相当于276000名全职雇员的服务。[②] 除了成本低以外，家庭照料具有全面满足老年人需求的优势。首先，从家庭环境来看，对于老年人来说，自己的家虽然没有养老院的设施先进齐备，但却让他们感到温暖舒适，因为这是他们熟悉的空间，不受他人控制。其次，从照料者提供的照料来看，由于家庭照料者与老年人通常有着深厚的感情，对老年人的生活习性有着充分的了解，因而除治疗与高级护理之外，他们能满足老年人的大部分需求，包括经济支持、生活照料、基础护理和精神慰藉等。圣安东尼奥（Patricia M. San Antonio）等认为，家庭照料者通常对被照料者的期待更加敏感，如给他们做什么事的选择，因为他们是把被照料者作为一个完整的人

[①] Anke Niehof, The Household Production of Care, in C. A. A. Butijn, *et al*. (eds.), *Changes at the Other End of the Chain: Everyday Consumption in a Multidisciplinary Perspective*, Maastricht: Shaker Publishing, 2002, pp. 179-188.

[②] Carol D. H. Harvey, Satomi Yoshino, Social Policy for Family Caregivers of Elderly: A Canadian, Japanese, and Australian Comparison, 1-2 *Marriage & Family Review* 39 (2006), pp. 143-158.

对待的。① 可见，从成本控制和满足老年人需求的全面性来看，在大多数国家，正式照料主要发挥补充作用，非正式照料才是主流。

然而，由于从传统到现代的社会转型对家庭的深刻影响，家庭的照料功能在不断弱化，由此导致老年人口长期照料的供给不足。一是照料者减少。在现代化浪潮的席卷下，大多数家庭逐渐少子化与无子化，女性就业增多，不同代际的家庭成员分开居住，这些都使得照料者减少已是不争的事实。山田美穗（Miho Yamada）等指出，由于不断下降的子女数和不断增加的职业女性数量，家庭照料退步了。② 在现代社会，由于工作生活原因，社会流动日益频繁，不同代际的家庭成员分开居住，有的甚至相隔很远。另外，由于不同代际生活方式的差异，年轻一代更倾向于单独居住，核心家庭成为主流，老年人身边的照料者进一步减少。二是照料者角色冲突。现代化给成年个体带来的主要影响是不断增加的工作压力，个体只有不断提高工作效率和专业素养方能应对。因此，处于就业状态的照料者其角色冲突是必然的。很多照料者，主要是女性，不仅要照料老年人，还要工作，双重压力让他们常常无所适从，既不能很好地履行照料职责，又不能完全地投入工作。除了照料与工作的冲突之外，照料者还要面对照料老年人与照料其他家庭成员的冲突、照料与社会交往的冲突等。三是孝道观念淡化。传统社会老年人在家庭中有着较高的地位，照料老年人是所有家庭成员义不容辞的责任。然而，在社会现代化的总体背景下，年轻一代的社会经济地位快速

---

① Patricia M. San Antonio, *et al.*, The Importance of Relationship: Elders and Their Paid Family Caregivers in the Arkansas Cash and Counseling Qualitative Study, 1 *Journal of Applied Gerontology* 25 (2006), pp. 31-48.
② Miho Yamada, *et al.*, Family Caregivers and Care Manager Support Under Long-term Care Insurance in Rural Japan, 1 *Psychology, Health & Medicine* 14 (2009), pp. 73-85.

超过了年老一代。反映到家庭关系上，年轻一代认为年老一代不仅生理机能退化，头脑也逐渐僵化，跟不上时代发展的脚步，不但不能给他们带来任何好处，反而会增加他们的负担。孝道观念淡化使老年人的家庭照料面临危机，在孤独中病逝甚至饿死的老年人并不鲜见。

由此可见，如果要以更加经济有效的方式应对持续增长的老年人口长期照料的压力，必须加强家庭的照料功能，而其中一个重要的方面就是提供照料者福利，尤其是对家庭照料者的支持。

二、提供照料者福利的必要性

尽管家庭照料者能够从照料中感受到亲情、自尊、生命的意义等积极的方面，但照料负担较重所带来的消极影响是更为普遍的状态。在沉重的照料压力下，照料者的身心健康、经济收入、社会交往与个人发展受到严重影响，导致要么照料质量下降，要么放弃照料，从而使老年人口长期照料的压力难以缓解。

（一）长期照料老年人给家庭照料者带来了沉重的负担

自20世纪70年代以来，全世界开展了大量关于照料负担的研究。埃维克（Peter V. Eeuwijk）的研究表明，在家中长期照料老年人给照料者带来了沉重的负担。

第一，身体负担。即穿衣脱衣、清洗和按摩，极其消耗体力。随着照料时间的延长，照料者愈益疲惫不堪。

第二，经济负担。即提供照料的经济成本，包括食物（特别食物或营养补充）、衣服、药物和康复工具，以及老年人的其他特别消费需要，如香烟。其中，居首位的经济负担是照料者因为在家照料老年人而损失的收入。在某些情况下，还包括多出一个人的住房消费。

第三，社会负担。即照料者与老年人之间的矛盾、照料者之间的矛盾、其他家庭成员与老年人之间的矛盾以及照料者与其他家庭成员之间的冲突。

第四，心理负担。当照料者不能持续照料健康状况快速恶化的老年人时，绝望、愤怒和无力感就会袭来。除此之外，其他亲属可能会认为照料者应该对老年人当前的健康状况负责，由此产生的压力使得照料者失去了自信或导致精神倦怠。

第五，基础设施负担。即有限的住房空间，这在拥挤的城市环境中比较普遍。当老年人需要治疗、照料和协助时，住房空间的重新安排通常是必需的，这可以让病人维护隐私和自我管理。但是，这使已经稀缺的城市住房空间更加局限，由此导致家庭内部的紧张。[1]

除了这些负担之外，照料还会严重影响照料者的社会交往。照料者由于没有可以自由支配的时间，常常无法进行正常的社会交往，处于被社会隔离的状态，不仅容易产生抑郁情绪，也难以获得有助于照料的信息。而对于那些有劳动能力或有多种兴趣爱好的照料者来说，长期照料使得他们无暇顾及工作、培养自己的兴趣爱好，个人发展受到不利影响。例如，在美国，54%的家庭照料者在35岁到64岁之间。在这个挣钱的年龄段照料一个老年人会影响他们挣钱的潜力和退休收入。[2] 这也是女性照料者更为弱势的主要原因之一。

---

[1] Peter V. Eeuwijk, Old-age Vulnerability, Ill-health and Care Support in Urban Areas of Indonesia, 1 *Ageing & Society* 26 (2006), pp. 61-80.

[2] Margaret J. Bull, Ruth E. McShane, Needs and Supports for Family Caregivers of Chronically Ill Elders, 2 *Home Health Care Management & Practice* 14 (2002), pp. 92-98.

(二)照料负担不断增长的直接后果

随着老年人平均寿命的延长,生活品质要求的提高,家庭照料者的负担不断增长。照料负担不断增长的直接后果包括照料质量的下降和国家经济支出的增加两个方面。

1. 照料质量的下降

照料者与被照料老年人的互动对老年人的健康状况有可能产生影响。例如,贝格纳(Sandy C. Bergener)等考察了机构背景中的照料者行为与有认知缺陷的老年人的行为之间的关系,发现放松或微笑的照料者行为与平静的或机能好转的老年人行为之间有显著的关系。由此,同样的关系可能存在于家庭背景中的照料者与被照料者之间。[1] 然而,在照料负担较重的情况下,照料者与被照料者之间的良性互动会逐渐减少,针对被照料者的负面言行会增多,极不利于被照料者的身心健康。照料负担增大最为严重的后果是照料者忽视与虐待老年人。世界各国都存在忽视与虐待老年人的现象,但以往大多是以掠夺老年人的财产为目的,而现在可能仅仅是因为照料负担过重,照料者为了减轻压力而无视老年人的基本需求。例如,上海市黄浦区外滩街道中山居委的助老志愿者说,随着高龄化的加剧,社区里失能、失智老年人越来越多,很多照料老年人的子女上班时就只能把老年人反锁在家中,水、电、煤都得切断。有熟悉情况的志愿者感慨地说:"老人苦,子女也苦。有子女说,'我们也不想这

---

[1] Sandy C. Bergener, et al., Caregiver and Environmental Variables Related to Difficult Behaviors in Institutionalized, Demented Elderly Persons, 4 *Journal of Gerontology* 47 (1992), pp. 242-249.

样对待自己的父母，但我们还能怎么办？'"①

2. 国家经济支出的增加

在某种意义上，照料者是"隐藏的病人"。在照料负担过重的情况下，隐藏的病人会显性化，照料者也会成为健康服务的消费者。如果不给大量没有其他支持的、已经倦怠的照料者提供喘息照料支持，那么就可能导致照料的"双回飞棒"效应，即一个接受家庭照料的病人最终会导致两个病人需要依赖正式的照料护理。② 日本长期照料保险计划有利于减少国家用于老年人的医疗费用。但相反的结果是，家庭照料者可能成为"另一类"病人。因此，为了最终减少国家医疗费用，照料者的健康必须得到维护。③

大多数国家的调查研究表明，绝大部分老年人并不愿去养老院。但随着老年人生理机能的严重退化，家庭照料者的负担越来越重，如果不能获得足够的支持，机构养老只能是唯一的选择。莱维斯克（Louise Lévesque）等也指出，养老机构化通常发生在亲人健康状况严重恶化，照料者筋疲力尽时。④ 而机构照料的增加无疑加重了国家的经济负担。

除了照料者的健康消费与老年人养老提前机构化之外，某些照料者因照料老年人而放弃工作，会导致家庭贫困化，加深对社会福

---

① 《大城养老》编委会编：《大城养老——上海的实践样本》，上海人民出版社 2017 年版，第 109 页。
② 张登利：《国外老年人"喘息照料"研究及借鉴》，载《中国社会工作》2018 年第 26 期。
③ T. Hosaka, Y. Sugiyama, Structured Intervention in Family Caregivers of the Demented Elderly and Changes in Their Immune Function, 2 *Psychiatry & Clinical Neurosciences* 57 (2003), pp. 147-151.
④ Louise Lévesque, *et al.*, A One-year Follow-up Study of Family Caregivers of Institutionalized Elders with Dementia, 4 *American Journal of Alzheimer's Disease and Other Dementias* 15 (2000), pp. 229-238.

利的依赖，且劳动力的减少也不利于经济发展。

总之，在人口老龄化与高龄化的背景下，不断增长的照料负担使家庭照料者必须获得公共服务的支持。不充分的支持会影响家庭照料者持续照料的意愿，且未来他们也更可能选择机构照料，因为对家庭照料缺乏信心。

三、照料者福利的含义与内容

社会政策文献表明，支持照料者最有效的方式是给他们的照料对象提供支持和服务。另外，提供给老年人的服务比专门提供给照料者的服务更少可能引发老年人与照料者之间的冲突。① 然而，很多国家还是专门制定了支持照料者的法律政策，提供照料者福利。主要原因包括：第一，减轻照料负担可以使照料者继续照料老年人，由此防止老年人过早养老机构化。这对于大多数国家维持老年人口长期照料体系是非常重要的，而且随着人口的逐渐老化，这个问题在未来几十年会变得更加突出。第二，弱势的照料者会导致不成功的照料。因此，从老年人的角度来说，照料者必须得到支持，由此才能提高老年人的生活质量。第三，从照料者的角度来说，他们也是享有各项权利的公民，照料使他们的权利受损，因此从人权的角度，他们必须得到支持。参与较多的照料者是最需要支持的，他们通常每周提供 20 小时以上的照料，包括与被照料者共同居住，或者提供个人和/或身体照料服务。②

---

① Linda Pickard, *The Effectiveness and Cost-effectiveness of Support and Services to Informal Carers of Older People: A Review of the Literature Prepared for the Audit Commission*, London: Audit Commission, 2004.
② Ibid.

（一）照料者福利的含义

在整体的社会福利框架下，照料者福利属于间接社会福利，它指的是为鼓励照料者照料被照料者，由国家以补贴、税收优惠、低价收费或免费等形式向照料者提供物质帮助或服务的制度。根据照料者与被照料者的关系，照料者福利可以分为赡养福利、扶养福利和供养福利。其中，赡养福利基于两者的亲子关系；扶养福利基于两者的夫妻关系；供养福利基于两者的熟人关系。

2018年修正的《老年人权益保障法》第14条规定："赡养人应当履行对老年人经济上供养、生活上照料和精神上慰藉的义务，照顾老年人的特殊需要。赡养人是指老年人的子女以及其他依法负有赡养义务的人。赡养人的配偶应当协助赡养人履行赡养义务。"此条中的"其他依法负有赡养义务的人"是指有负担能力的孙子女、外孙子女。因此，赡养福利中的被赡养人指的是老年人，赡养人主要指的是老年人的子女。2001年修正的《婚姻法》第20条第1款规定："夫妻有互相扶养的义务。"这种扶养义务不仅指经济上相互供养，也指生活上相互扶助。也就是说，配偶也是法定的照料者。针对配偶照料者的福利，可以称为"扶养福利"。供养福利没有任何法律依据，供养者一般是"三无老人"①的亲朋好友。为了承认他们的付出，倡导尊老敬老的良好社会风尚，也应给他们提供照料者福利，即供养福利。

（二）照料者福利的内容

从大多数国家的福利实践来看，照料者福利的主要内容是向家庭照料者提供物质帮助或服务，包括喘息服务、培训与咨询、支持

---

① "三无老人"是指无劳动能力、无生活来源、无赡养人和扶养人，或者其赡养人和扶养人确无赡养或扶养能力的60周岁及以上老年人。

群体、改善照料者的人际关系、灵活的工作安排、经济补偿、对特殊照料者的支持等。

1. 喘息服务

喘息服务（respite care）最早可追溯到 20 世纪四五十年代，目前是比较流行的支持家庭照料者的方式，其主要含义是让照料者脱离照料一段时间，即喘口气，以缓解照料带来的压力。冈林秀树（Hideki Okabayashi）等认为，照料者只有定期地脱离照料义务，用一些时间满足他们自己的需求，他们才能提供高质量的照料。[①] 新井由美子（Yumiko Arai）等的研究也表明，如果失能老年人的照料者能够每天脱离照料 3—4 小时，相比那些一直照料的照料者，他们不太可能感到沉重的照料负担。[②]

目前有三种主要的喘息形式——居家喘息、日间照料和机构喘息。在英国被广泛接受的"日间照料"的定义，是在被照料者家庭之外的环境中，被照料者自己来或被送来，由有偿的或志愿的照料者提供一天至少四小时的公共照料。日间照料在有些国家又细分为日间医院和日间支持项目。一般来说，日间医院提供高水平的专业评估与治疗，而日间支持项目可以包括也可以不包括专业健康照料。日间医院更加注重康复，老年人可以短期（通常是几个月）入住，而日间支持项目聚焦于老年人的社会化需求，以及给家庭照料者提供喘息服务，它在时间上没有限制。沃伦（Sharon Warren）等的研究表明，成人日间照料项目给家庭照料者提供了一种形式的支持，

---

① Hideki Okabayashi, *et al.*, A Longitudinal Study of Coping and Burnout Among Japanese Family Caregivers of Frail Elders, 4 *Aging & Mental Health* 12 (2008), pp. 434-443.
② Yumiko Arai, *et al.*, Factors Related to Feelings of Burden Among Caregivers Looking After Impaired Elderly in Japan Under the Long-term Care Insurance System, 4 *Psychiatry & Clinical Neurosciences* 58 (2004), pp. 396-402.

照料者福利：中国社会养老公共政策创新研究

由此能使老年人在家中居住更长时间。[1] 瓦拉德兹（Albert A. Valadez）等的研究也表明，日间照料中心与老年人日间医院有着相同的背景，因为它们都提供医疗服务。然而，与日间医院不同的是，日间照料中心的重心主要是有关促进和鼓励人际关系与社区建构的社会活动。日间照料中心采用了健康的整体方法，包括社会化、医疗、营养、物理治疗和灵性等因素。所以，从服务内容的全面性来看，日间照料中心优于日间医院，由此更能够吸引老年人，减轻照料者的压力。[2]

在英国，居家喘息包括临时保姆和其他类型的居家照料缓解服务，因为它可以给老年人提供在家中的替代照料，从而使照料者能够休息一会。但居家喘息在英国并不是主流。机构喘息主要针对患有阿尔茨海默病的老年人的照料者，使他们能够得到夜间休息。[3] 由于日间照料和机构喘息都是在家以外的场所实施，而有些老年人不愿意离开家去陌生的地方，于是会导致老年人与照料者的冲突，因此利用率并不高。笔者认为，居家喘息比日间照料与机构喘息更适合老年人及其照料者，因为老年人更易接受熟悉的家庭环境，且不会感到自己是照料者的包袱；同时也可以减少照料者接送老年人的成本，但这需要大量的工作人员或志愿者，他们能否被老年人及其照料者接受也是一个问题。

---

[1] Sharon Warren, et al., The Impact of Adult Day Programs on Family Caregivers of Elderly Relatives, 4 *Journal of Community Health Nursing* 20 (2003), pp. 209-221.

[2] Albert A. Valadez, et al., Family Caregivers of Impoverished Mexican American Elderly Women: The Perceived Impact of Adult Day Care Centers, 3 *Families in Society: The Journal of Contemporary Social Services* 86 (2005), pp. 384-392.

[3] Linda Pickard, *The Effectiveness and Cost-effectiveness of Support and Services to Informal Carers of Older People: A Review of the Literature Prepared for the Audit Commission*, London: Audit Commission, 2004.

在各国实施的喘息服务中，美国加利福尼亚州照料者资源中心值得一提。该中心有五种喘息项目，包括在家照料、成人日间照料、过夜喘息、周末休息，以及其他喘息选择，如紧急喘息和喘息交通补贴。该中心的年度客户调查中满意度一直都很高，这归功于喘息项目的灵活性、选择性和消费者控制。① 所以，喘息服务如果要取得良好的效果，必须同时满足老年人及其照料者的需求，且具有一定的灵活性。此外，接送老年人的服务也非常必要，如日本的日间照料中心就提供接送服务，这样才能真正减轻照料者的负担。

2. 培训与咨询

对于实施长期照料的家庭照料者而言，护理知识的不足是一个很大的问题，这在患有阿尔茨海默病和特殊疾病的老年人的照料方面，更需加强重视。如一项研究表明，尽管家庭照料者想照料患有阿尔茨海默病的老年家庭成员，并相信这是他们的责任，但意愿和责任不能保证家庭照料者有知识、技术、态度、理念或资源来有效地扮演照料者的角色。② 因此，为了保证老年人家庭照料的质量，一些国家持续开展长期照料方面的培训，主要包括特别治疗、营养和日常饮食、物理疗法、卫生保健措施、康复工具的使用与适当医疗等。例如，美国有家庭照料者联盟（Family Caregiver Alliance）、全国照料中心（National Center on Caregiving）；英国有家庭照料者协会（British Family Carers Association），这些非营利组织都为照料者提供

---

① Leandra A. Bedini, Terri L. Phoenix, Recreation Programs for Caregivers of Older Adults: A Review and Analysis of Literature from 1990 to 1998, 2 *Activities*, *Adaptation & Aging* 24 (2001), pp. 17-34.
② Lisa S. Kelley, *et al.*, Access to Health Care Resources for Family Caregivers of Elderly Persons with Dementia, 1 *Nursing Outlook* 47 (1999), pp. 8-14.

了照料技能指导。①

如前所述,由于长期照料老年人给家庭照料者带来了沉重的压力,再加上社会交往的减少,照料者的心理健康常常受损,因此特别需要心理咨询,以减缓主观照料负担。伍兹(Robert T. Woods)等认为,接受专业心理健康服务的照料者很少忧虑,且接受专业心理健康服务的照料者比那些接受传统服务的照料者在焦虑与失眠方面得到了很大的缓解。② 因此,很多国家非常重视发展家庭照料者的心理咨询项目,并且把心理咨询与其他心理治疗(如支持群体,关于管理行为、沮丧与愤怒的教育等)结合起来,即把心理咨询与主动释放和教育联系起来,由此取得了良好的效果。

当然,咨询还可以是针对照料者关注的信息,包括社区养老资源咨询、老年人福利政策咨询、照料知识与技能咨询、照料者就业咨询、照料者福利政策咨询、与照料相关的法律事务咨询等。多样化的咨询可以极大地减少家庭照料者的焦虑与孤独,在照料老年人的同时实现个人发展。

3. 支持群体

家庭照料者不希望被社区隔离,基于社交或学习的目的,他们希望加入有相似经历的群体之中。这就需要强调支持家庭照料者的社会维度(如支持群体),而不是目前的工具维度。支持群体是近年来比较受欢迎的支持照料者的策略,很多国家包括英国、日本等都采用了这一方式。

---

① 吴帆:《中国家庭老年人照料者的主要特征及照料投入差异——基于第三期中国妇女社会地位调查的分析》,载《妇女研究论丛》2017年第2期。
② Robert T. Woods, et al., Support in the Community for People with Dementia and Their Carers: A Comparative Outcome Study of Specialist Mental Health Service Interventions, 4 International Journal of Geriatric Psychiatry 18 (2003), pp. 298-307.

支持群体有很多组织形式，一些是机构的分支，像日间医院或成年人训练中心，其他则是独立机构。一些是普遍的，对所有照料者开放，其他则聚焦于某一特殊群体，甚至是特殊的医疗条件；一些更加侧重于照料者，其他则同时关注照料者与被照料者；一些与全国慈善机构相关联，其他则仅仅是地方性的。不论支持群体的组织形式如何，都有着群体成员相互支持和信息分享的共同特点。① 保阪高志（Takashi Hosaka）与杉山洋子（Yoko Sugiyama）的研究表明，在这种相互支持中，自由表达、放松和信息分享都有利于他们心理不适的改善。② 贝迪尼（Leandra A. Bedini）与菲尼克斯（Terri L. Phoenix）发现，把教育培训项目和/或支持群体项目结合起来可能会比两个项目单独实施更有效。③ 这是因为教育培训给照料者提供了他们需要的信息，而其他照料者的支持使他们能把信息付诸行动（如使用社区服务、自我照料）。1999年，在荷兰兴起的阿尔茨海默病患者"咖啡运动"，目前已传到比利时、希腊、澳大利亚和英国。阿尔茨海默病患者、他们的照料者或亲戚和社会照料专业人士在咖啡馆一月聚会一次，联谊、放松以及在可能的情况下进行初步评估。

　　然而，并不是所有的照料者都喜欢加入支持群体，这可能与他

---

① Linda Pickard, *The Effectiveness and Cost-effectiveness of Support and Services to Informal Carers of Older People: A Review of the Literature Prepared for the Audit Commission*, London: Audit Commission, 2004.
② Takashi Hosaka, Yoko Sugiyama, Structured Intervention in Family Caregivers of the Demented Elderly and Changes in Their Immune Function, 2 *Psychiatry & Clinical Neurosciences* 57 (2003), pp. 147-151.
③ Leandra A. Bedini, Terri Phoenix, Recreation Programs for Caregivers of Older Adults: A Review and Analysis of Literature from 1990 to 1998, 2 *Activities, Adaptation & Aging* 24 (2001), pp. 17-34.

们的性格和需求有关。① 所以，未来需要对照料者作更加详细的需求分析，以采取有针对性的支持。例如，在吸引照料者参加支持群体之前，可以采取个别支持的方法。如在斯图尔特（Miriam J. Stewart）等的研究中，有着相似照料经历的人拜访照料者，根据他们自己的经验提供指导和相关信息。拜访者由护士和职业治疗师支持，并接受一天的培训。研究结果表明，照料者认为拜访者提供了支持，他们感到有能力和自信了。拜访者的帮助明显好于专业人士的帮助。② 在照料者与个别支持者的信任关系形成之后，就可以吸引他们参加支持群体了，并通过他们进一步扩大支持群体。

4. 改善照料者的人际关系

支持家庭照料者的社会维度在某种程度上应当优于目前的工具维度。很多研究表明，照料压力尤其是主观照料压力源自被照料者的不认可、家庭成员的不认可和社会的不认可。例如，卡瑞斯（Ann K. Carruth）等发现，处于危机中的照料者不必然是那些从事繁重且耗时照料工作的人，而是那些经历低程度互惠和从他们父母那里得到负面交换的照料者。③ 澳大利亚和韩国的研究也表明，对照料的感激和欣赏以及其他家庭成员和邻居的认可，要么表现为赞扬和社会认可的形式，要么表现为声望较高人士的赞同观点，这些都非常有

---

① Linda Pickard, *The Effectiveness and Cost-effectiveness of Support and Services to Informal Carers of Older People: A Review of the Literature Prepared for the Audit Commission*, London: Audit Commission, 2004.
② Miriam J. Stewart, *et al.*, Peer Visitor Support for Family Caregivers of Seniors with Stroke, 2 *The Canadian Journal of Nursing Research* 30 (1998), pp. 87-117.
③ Ann K. Carruth, *et al.*, Reciprocity, Emotional Well-being, and Family Functioning as Determinants of Family Satisfaction in Caregivers of Elderly Parents, 2 *Nursing Research* 46 (1997), pp. 93-100.

助于照料者觉得获得了回报，并觉得负担比实际上的轻。[1] 今矶顺子（Junko Imaiso）等认为，日本家庭成员照料老年人的责任意识会导致照料压力和较低的正面评价，而外界的支持能减轻家庭照料者的责任意识，会导致更高的正面评价。[2] 因此，有效支持家庭照料者的策略不一定是以正式照料替代非正式照料，如喘息服务，而是让照料者感到更受支持，如改善照料者家庭内外的人际关系，从而提高生活满意度，减轻主观照料压力。

帮助家庭成员有效交流是改善照料者家庭关系的常用策略。梁欢（Joy Leong）等认为，与家庭照料者有着定期联系的健康照料专业人士，如全科医生、社区护士、老年人照料评估团队或阿尔茨海默病患者团队的成员，可以建议和促进家庭会议的召开，以调整照料责任在家庭成员中的分配。由此，照料者就不会觉得被当前的境况所限制，较少可能感到被长期的责任所压垮。[3] 此外，社会工作者也可以介入家庭关系尤其是照料者与被照料者之间关系的修复，或者通过开展活动从外部认可照料工作的社会价值。

5. 灵活的工作安排

有工作的照料者在老年人照料者中占了很大的比例，他们通常是老年人的子女及其配偶，需要应对照料者与职业人之间的角色冲突。因此，一些国家为了帮助有工作的照料者更好地照料老年人，推出了灵活的工作安排。如在德国，家庭照料者可以因为医疗原因

---

[1] Krista Tammsaar, *et al.*, Family Caregivers of the Elderly: Quality of Life and Coping in Estonia, 4 *European Journal of Social Work* 17 (2014), pp. 539-555.

[2] Junko Imaiso, *et al.*, Differences in Home-based Family Caregiving Appraisal for Caregivers of the Elderly in Rural and Urban Japanese Communities, 1 *Journal of Community Health Nursing* 29 (2012), pp. 25-38.

[3] Joy Leong, *et al.*, Needs of Family Carers of Elderly People with Dementia Living in the Community, 3 *Australasian Journal on Aging* 20 (2001), pp. 133-138.

突然离开工作岗位，每年不超过 10 天。此外，照料者如果在超过 15 人以上的公司工作可以要求减少工作时间（这部分工作时间不支付工资），每年不超过 6 个月。① 照料者假期自 1999 年在日本实行。有工作的照料者可以有 3 个月的假期（公职人员有 6 个月），就业保险在假期提供 40% 的正常收入。② 1993 年美国《家庭与医疗假期法》规定，合乎条件的员工每年有不超过 12 周的不支付工资的假期，但只适用于拥有 50 个员工以上的私营部门，且要求雇员在一年中必须完成至少 1250 小时的工作。③ 从三个国家的比较可见，受益人群、是否带薪、时间长短是照料者假期政策的区别所在。由于不支付工资的假期会影响家庭收入，不利于长期照料，有些国家或地区出台了带薪休假的法律政策。例如，比利时提供了最长为 12 个月的带薪照料假，雇主只有在经济状况特别不好的时候才能拒绝；④ 美国加利福尼亚州 2002 年出台的《带薪家庭假期法》规定，为照料者提供 6 周的补偿，基于个人周薪的一定比例，但不超过每周 987 美元。⑤ 总体看来，能否实施灵活的工作安排并同时保证照料者的收入不明显受损，与各个国家的经济发展水平和劳动力总量有着很大关系。发展中国家具有劳动力优势，但经济发展水平较低，可以暂时采取不

---

① J. Geyer, T. Korfhage, Long-term Care Insurance and Carers' Labor Supply: A Structural Model, 9 *Health Econometrics* 24 (2015), pp. 1178-1191.
② Carol D. H. Harvey, Satomi Yoshino, Social Policy for Family Caregivers of Elderly: A Canadian, Japanese, and Australian Comparison, 1-2 *Marriage & Family Review* 39 (2006), pp. 143-158.
③ Gilbert Gimm, Y. Teny Yang, The Effect of Paid Leave Laws on Family Caregivers for the Elderly, 2 *Ageing International* 41 (2016), pp. 214-226.
④ 资料来源：http://www.oecd.org/els/health-systems/47884889.pdf。
⑤ Gilbert Gimm, Y. Teny Yang, The Effect of Paid Leave Laws on Family Caregivers for the Elderly, 2 *Ageing International* 41 (2016), pp. 214-226.

带薪休假。

6. 经济补偿

由于家庭照料事实上会导致照料者经济利益受损（无论照料者是否处于就业状态），为了鼓励家庭成员长期照料老年人，有些国家给予照料者经济补偿。这方面政策最全面的国家是瑞典，包括被政府雇用为照料者和现金补贴。一半的市政府表明被政府所雇用的照料者在1—10个之间，而所有市政府的中位数为5个。被市政府雇用为照料者必须经由收入调查。雇佣程度（从每周几小时的兼职工作到全职工作）取决于老年人的照料需求。如果被市政府雇用为照料者，照料者必须买保险并交税。在瑞典平均每个市有40个照料者获得现金补贴。现金补贴通常发给被照料者，由他们转给照料者。与被政府雇用为照料者不同，现金补贴是免税的，但通常低于就业所得。[①] 而在爱沙尼亚，截至2012年9月，已有10000名官方注册的家庭照料者从地方政府获得了每个月15—25欧元的照料者福利。[②] 除了被政府雇用为照料者和现金补贴之外，还有些国家推行税收减免政策。例如，在加拿大实行家庭照料的家庭成员每年最多可以减免605加元的联邦税收。而在日本，税收优惠也给家庭照料者提供了间接的经济福利。[③]

总的看来，在经济补偿的三种方式中，被政府雇用为照料者比

[①] Magnus Jegermalm, Direct and Indirect Support for Carers, 4 *Journal of Gerontological Social Work* 38 (2003), pp. 67-84.

[②] Krista Tammsaar, *et al.*, Family Caregivers of the Elderly: Quality of Life and Coping in Estonia, 4 *European Journal of Social Work* 17 (2014), pp. 539-555.

[③] Carol D. H. Harvey, Satomi Yoshino, Social Policy for Family Caregivers of Elderly: A Canadian, Japanese, and Australian Comparison, 1-2 *Marriage & Family Review* 39 (2006), pp. 143-158.

较少见，经济发展水平与人力成本较低的国家一般不太可能采用。而照料者津贴的作用并不明确。如果有照料者津贴，也很少有人申请，要么是因为津贴通常太少，无法弥补照料成本，要么是为了获得照料者津贴必须满足一定的行政要求。所以，照料者津贴虽然很好，但无法影响照料者是否决定提供照料。① 笔者认为，税收减免政策相比较而言更具有可行性，一方面，由于实施家庭照料，个人与家庭收入确实会下降，需要税收减免；另一方面，税收支出的减少也间接鼓励了家庭成员照料老年人。

7. 对特殊照料者的支持

在老年人的家庭照料者中，有几个特殊人群需要予以重视。其一是性别角度的考量。受传统文化的影响，很多国家的女性（不论是否就业）承担了照料老年人的主要任务。埃维克认为，女性，不论是未成年人、成年人或老年人，都毫无疑问是主要的照料者和照料负担的承担者。② 这对女性照料者的个人发展而言无疑是很大的阻碍。其二是年龄角度的考量。从生理与心理的承受力来看，成年人显然比未成年人和老年人更适合作为照料者，然而很多国家的调查显示，未成年人和老年人作为照料者也十分常见。2001 年，英国比以往有更多的未成年和老年非正式照料者，即 11.4 万个 5—15 岁的儿童和超过 100 万的 65 岁及以上的老年人。其中，接近 9000 个儿童和 38.1 万个 65 岁及以上的老年人每周提供了至少 50 小时的照料。③

---

① Evi Willemse, et al., Do Informal Caregivers for Elderly in the Community Use Support Measures? A Qualitative Study in Five European Countries, 1 *BMC Health Services Research* 16 (2016), p. 270.
② Peter V. Eeuwijk, Old-age Vulnerability, Ill-health and Care Support in Urban Areas of Indonesia, 1 *Ageing & Society* 26 (2006), pp. 61-80.
③ Tim Doran, et al., Health of Young and Elderly Informal Carers: Analysis of UK Census Data, 7428 *British Medical Journal* 327 (2003), p. 1388.

这对孩子和老年人而言无疑是难以承受的负担。其三是社会经济地位角度的考量。阿隆森（Jane Aronson）与内史密斯（Sheila M. Neysmith）的研究表明，那些拥有更多资源的照料者能够更好地抵消照料成本，不论是购买私人帮助或者是能够凭借其优势地位获取公共资源。① 显然，社会经济地位较低的照料者由于缺乏充足的资源，其照料压力更大。其四是疾病角度的考量。年龄是阿尔茨海默病最主要的危险因素。根据流行病学研究，65岁以上的人有5%的概率患有阿尔茨海默病，85岁以上则增加到20%。由于大部分的阿尔茨海默病患者可能会有精神错乱症状，严重者会有冲动性行为，其照料者不仅无法与其正常交流，而且常常处于身心困扰之中，更加疲惫与焦虑。患有其他特殊疾病的老年人，如中风等，对其的照料也比一般老年人更加困难，照料者的压力更大。基于以上角度的考量，照料者尤其是特殊照料者需要得到更多的支持，由此才能提高老年人口长期照料的质量。很多重视家庭照料者支持的国家，尤其重视对特殊照料者的支持。例如，美国家庭照料者支持项目优先考虑最需要帮助的照料者，如精神迟缓或相关的发展性残疾老年人的照料者等。②

除以上支持策略之外，不少国家还采用了现代信息技术，以更有效地支持照料者。其中最有名的是 ACTION 项目。该项目的主要目标之一是通过信息和交流技术的使用，给虚弱老年人的家庭照料者提供与他们的照料情境相关的知识、实用技术、信息、建议和心理支持。为了实现这个目标，项目积极地把瑞典、英国、爱尔兰和

---

① Jane Aronson, Sheila M. Neysmith, The Retreat of the State and Long-term Care Provision: Implications for Frail Elderly People, Unpaid Family Carers and Paid Home Care Workers, 1 *Studies in Political Economy* 53 (1997), pp. 37-66.
② Margaret J. Bull, Ruth E. McShane, Needs and Supports for Family Caregivers of Chronically Ill Elders, 2 *Home Health Care Management & Practice* 14 (2002), pp. 92-98.

照料者福利：中国社会养老公共政策创新研究

葡萄牙的失能老年人及其照料者、专业照料者以及健康与社会照料机构纳入进来。①

事实证明，在一些提供照料者福利的国家，家庭照料得到了维持与改善。美国于 2000 年设立了国家家庭照料者支持项目（NFC-SP），2005—2008 年，美国每年投入该项目的经费都超过 1500 万美元。该项目为照料者提供的服务包括：为照料者提供可获得服务的信息；帮助照料者获取服务；提供个人咨询，组织和支持照料者培训；为照料者提供"喘息照料"服务及其他支持性服务等。当家庭照料者需要服务时，直接与当地老龄署联系便可获得指定提供商的服务。照料者支持项目和老年人支持性项目相结合，可以为老年人及其照料者提供全面协调的帮助。美国老龄署的全国普查结果显示，此项目所提供的服务对帮助老年人居家养老是行之有效的，57% 的照料者认为这些服务帮他们延长了照料时间；50% 的照料者认为没有这些服务，他们的照料对象只能入住养老院。这些服务大大缓解了有工作的照料者在照料老人和工作之间的冲突，对于照料者减轻抑郁、焦虑和压力，帮助他们更好、更长时间地照料老年人，从而缩短费用昂贵的机构照料时间非常有帮助。②

从福利多元合作的角度看，间接社会福利并不会大幅增加政府的福利开支。原因在于法律政策的引导，以及非正式部门、私营部门和志愿部门的介入。因此，在老年人长期照料的压力不断增大的背景下，各国可以考虑构建或完善照料者福利。

---

① Elizabeth J. Hanson, et al., Supporting Family Carers Using Interactive Multimedia, 11 *British Journal of Nursing* 9 (2000), pp. 713-719.
② 全国老龄工作委员会办公室编：《中国人口老龄化研究论文集》，华龄出版社 2010 年版，第 160—165 页。

第二章

社会转型背景下的老年人长期照料

社会转型对我国老年人长期照料产生了重大影响，养老逐渐成为大多数家庭的沉重负担。为了应对这一紧迫的民生问题，养老从此不再只是家事，也是国事。然而，法律政策的转变滞后于社会转型的广度与深度，长期照料的供给还远远跟不上需求。本章首先论述社会转型对老年人长期照料的影响，然后介绍我国老年人长期照料法律政策的演变过程与发展趋势。

第一节　社会转型对老年人长期照料的影响

中国的现代化发端于 1840 年的鸦片战争之后，历经一百多年的风风雨雨，终于在 1949 年实现了政治格局的巨变，人民当家做主，成立了人民的政府。但由于极左路线的影响，经济发展缓慢，人民生活窘困。1978 年的改革开放是中国社会发展又一个重要的转折点，主要表现在经济体制改革和思想文化领域。工业化、市场化、城市化的迅猛发展，使大多数中国人投身到改革开放的浪潮中去，不仅个人的生活（包括职业生涯）变得丰富多彩，而且家庭这个最基础的社会单元也发生了明显的变化。由此，老年人长期照料领域出现了很多不同于传统社会的特征，而且对社会其他领域的发展造成了冲击。

一、传统中国社会的老年人长期照料

传统中国社会在非战争时期呈现出的图景类似于陶渊明的《桃花源记》，一亩三分地，几代同堂，邻居大多是旁系亲属，整个村落由一个或几个家族构成。在小农经济和家族联结的背景下，老年人的长期照料能够得到妥善的安排。也就是说，在传统中国社会，老年人的长期照料主要依靠家庭，具体原因如下所述：

（一）老年人的照料者较多

传统农业社会一般是聚族而居，通常是父母和未分家的孩子住在一起，而旁边居住的则是已分家的儿子及其家人。如果所有的孩子都已分家，那么父母在不需要照料时单独居住，而在需要照料时在儿子家轮流居住或儿子轮流上门照料。因此，聚集在老年父母周围的有他们自己的子辈、孙辈，以及男性老年人的兄弟、堂兄弟及其后人等。另外，由于传统中国社会商品经济不发达，社会流动极少，大多数人世世代代居住在同一块土地上，所以，老年人在需要照料的时候，周围随时能找到人，照料资源非常丰富。

（二）老年人的社会地位较高

传统中国社会的主要生产方式是农业生产，在科学技术不发达的情况下，农业生产经验（包括耕田、收种的方法，谷物、蔬菜、果树和树木等的栽培方法，家畜、家禽和鱼类的饲养方法）对农产品的收益非常重要。而这些经验一般需要长时间的积累，老年人无疑经验更为丰富，年轻一代需要老年人给予农业生产方面的指导，老年人由此在传统农业社会具有较高的社会地位。另一个重要的原因是，子辈的生产生活资料常常从老年父母那里继承而来，虽然分家意味着子辈的独立，但继承这一事实意味着父辈的权威不能被忽视。

（三）作为意识形态存在的孝道

传统中国社会，孝道是立国安邦的基石。孝道有利于家庭关系的和谐、基层社会的稳定，即齐家方能治国。当儒家思想在汉代一统天下之后，孝道则不再是民俗，而变成了意识形态。也就是说，每个人都必须遵守孝道。如果有违孝道，则会为社会所不容。"不养老人被公认为是大逆不道的行为，忤逆不孝的子孙不见容于整个社会，极端的甚至可招致杀身之罪。"① 这即是说，孝道经由统治阶级的推广，已经被老百姓内化于心并身体力行。在这种孝道文化的熏陶下，子辈不敢冒天下之大不韪，赡养老人遂成为人生必须完成的任务之一。

除以上三方面的原因之外，传统中国社会的人均寿命不长也是一个重要的因素。我国历代人均寿命大致为：夏、商时期18岁，周、秦时期20岁，汉代22岁，唐代27岁，宋代30岁，清代33岁，民国时期35岁。② 而阿尔茨海默病的多发群体是70岁以上老人，因此在传统中国社会老年人需要照料的时间较短，照料的难度也不高。

二、当代中国社会的老年人长期照料

中华人民共和国成立后至改革开放前，虽然我国的工业化有了很大的发展，但由于大多数社会成员依附集体（在城市是单位，在

---

① 瞿同祖：《中国法律与中国社会》，中华书局1981年版，第27—49页。
② 林万孝：《我国历代人的平均寿命和预期寿命》，载《生命与灾祸》1996年第5期。

农村是生产队）而生存，社会流动较少，社会分化缓慢，形成了所谓的"总体性社会"。① 在总体性社会中，老年人长期照料也不是一个社会问题。农村的生产队建立在自然村基础之上，所以村民仍然是聚族而居，老年人一般由家人照料，而对于"三无老人"，集体会给予基本的生活保障。城市的社会结构是单位制，单位除了生产，还给员工及其家属提供各种福利，其中包括养老。当然，当时的城市养老仍是以家庭为主，单位主要是提供经济支持。而对于那些"三无老人"，则由政府安排入住福利院。与中华人民共和国成立前相比，改革开放初期我国人口平均寿命有了大幅增加，但离高龄化②还有很大距离。统计资料显示，1980—1985 年，我国人口平均期望寿命，男性为 66 岁，女性为 69 岁。③ 所以，总体性社会虽然缺乏活力，但大多数家庭在养老方面依然是有保障的或者说压力不大的。而老年人长期照料真正成为一个社会问题，是在改革开放之后，根源在于这一时期我国社会结构的巨变。

（一）家庭结构小型化

1982 年，我国开始实施计划生育基本国策，即按人口政策有计划地生育。主要内容及目的是：提倡晚婚、晚育，少生、优生，从而有计划地控制人口。计划生育基本国策的成效虽然并非某些官员标榜的"40 年少生 4 亿"，④ 但确实使中国人口快速增长的态势得到

---

① 孙立平：《转型与断裂——改革以来中国社会结构的变迁》，清华大学出版社 2004 年版，第 5 页。
② 高龄化是指年龄在 80 岁以上的老年人群体占全体老年人（大于 60 岁或 65 岁）的比例趋于上升的过程。
③ 《中国人口统计年鉴（1988）》，中国统计出版社 1988 年版，第 856 页。
④ 《卫计委：计划生育促使 40 余年来中国少生 4 亿多人》，http://society.people.com.cn/n/2014/0710/c1008-25265530.html，2019 年 7 月 1 日访问。

了控制。除了政策限制以外,中国人的生育观念还受改革开放以来经济社会文化变迁的影响,后者可能比计划生育基本国策的影响更大。我国 1978 年总和生育率为 2.94,1992 年首次跌到 1.98,低于更替生育率 2.1,1995 年之后一直在 1.6 上下浮动。① 即便是 2016 年全面放开二孩政策实施以来,也没有大的增长,2016 年的总和生育率为 1.68。② 长期低生育率导致大多数家庭的新生人口变少,老年人可以依靠的子女与孙子女越来越少。与此同时,人口流动(通常是子辈在外地求学或工作)加速,两代人不能同处一地,或者虽同处一地但代际自愿选择分开居住,导致核心家庭(一般是年轻夫妇与他们的一个或两个孩子组成的家庭)和纯老家庭(主要包括老年夫妇家庭与独老家庭)增多。也就是说,有些老年人虽然有多个子女,但他们实际上无法指望所有的子女都能赡养他们,更多的时候他们得依靠自己。

(二)人口老龄化加速

国家卫生健康委员会 2019 年发布的《2018 年我国卫生健康事业发展统计公报》显示,我国居民人均预期寿命由 2017 年的 76.7 岁提高到 2018 年的 77.0 岁。③ 不断增长的人均预期寿命与长期以来的低生育率,使得我国的人口老龄化加速。2019 年,国家统计局发布最新的人口数据:2018 年年末,我国 60 周岁及以上人口 24949 万

---

① 《中国历年总和生育率统计》,https://www.kuaiyilicai.com/stats/global/yearly_per_country/g_population_fertility_perc/chn.html,2019 年 7 月 30 日访问。
② 同上。
③ 《国家卫健委发布统计公报:2018 年我国人均预期寿命 77 岁》,http://www.xinhuanet.com/health/2019-05-28/c_1124549437.htm,2019 年 7 月 30 日访问。

人，占总人口 17.9%；65 周岁及以上人口 16658 万人，占总人口的 11.9%。① 而 1982 年，60 周岁及以上人口只占总人口的 7.62%，65 周岁及以上的老年人口比例仅为 4.91%。② 可见，与改革开放初期相比，我国的人口老龄化已经非常严重。

（三）家庭劳动人口工作压力增大

传统中国社会是"男主外，女主内"的模式，从夫居使得媳妇成为公婆的照料者，在女儿没有出嫁之前，女儿也会照料自己的父母。女性通常不必为工作焦虑，相夫教子、侍奉公婆才是其主职。中华人民共和国成立后，女性也得到解放，进入了劳动力大军，男女同工同酬，相互竞争，由此激发了女性勤奋学习、努力工作的意识。但由于总体性社会个人发展空间有限，大多数人在封闭社会环境的约束下最终斗志低沉，所以工作压力并不大，女性仍然是主要的照料者。改革开放以后，无论城市还是农村，市场经济的发展使得劳动力有了自主选择的同时也面临着巨大压力，只要人力资本（包括体力）跟不上经济发展的步伐，就可能被淘汰，这在国有企业下岗职工身上表现得非常充分，因此需要不断地学习进取。除了人力资本之外，社会资本也非常重要，因为人力资本相同，社会资本较多的人更有优势，所以劳动者还得努力拓展自己的社会交往面，这样使得无论男女都在工作上投入了大量的心力，家庭照料者特别是女性照料者的数量和实际投入都急剧下降。

---

① 《2018 年国民经济和社会发展统计公报》，http：//www.stats.gov.cn/tjsj/zxfb/201902/t20190228_1651265.html，2019 年 7 月 11 日访问。
② 董克用：《中国人口老龄化及其经济、社会影响》，http：//sprp-cn.eu/reports/3rdPanel6Sept2016/Population%20Aging%20CN.pdf，2019 年 7 月 11 日访问。

(四)家庭赡养功能的弱化

家庭结构小型化、人口老龄化加速和家庭劳动人口工作压力增大使得家庭的抚养、赡养功能同时削弱,但赡养功能的削弱更甚。因为目前大多数家庭只有1—2个孩子,经济收入的增加,生活条件的改善,使得家庭自然"水往下流"。大多数年轻父母望子成龙、望女成凤,金钱、情感、精力都向孩子倾斜。很多时候祖辈也是如此,在他们身体健朗时,帮助子辈成家立业、抚养孙辈。所以,代际分开居住对于孙辈抚养的影响并不大。而子辈在父辈年迈需要照料时却因为种种原因(夫妻双方的老年父母都需要照料、孩子还小、工作压力大、空间距离较远等)而分身乏术。未来到了高龄阶段,失能半失能会导致更多的老年人与子女住在一起。但对于夫妻双方都是独生子女的家庭,很难把双方的老年父母接到一起同时供养,所以必然会有一部分老年人在孤独中度过晚年。

(五)孝道日益衰弱

以上论述的均是社会转型给老年人长期照料带来的客观影响,主观影响即孝道的衰弱同样显著。随着现代化的发展,高科技普遍应用于各行各业,老年人的生产经验很快被淘汰,工作了几十年可能月均收入还比不上刚毕业的大学生。经济地位的下降使得老年人的社会地位也随之下降,越来越多的人视老年人为包袱,对日益加剧的老龄化心存恐惧。受功利主义与利己主义的影响,整个社会的氛围不再是尊老敬老,而是可以无视老人的存在,如子女不去看望老年父母,公共场所不给老年人让座。以往人们常常认为送老年父母去养老院是子女不孝的表现,现在也逐渐习以为常。法律约束的虚化、社会舆论的弱化使不孝子女无法受到惩罚,孝道日益衰弱。

综上所述,社会转型已使老年人长期照料成为中国社会的突出问题,如果不能有效应对,会影响个人幸福、家庭和谐、经济发展和社会安定。

第二节 老年人长期照料的相关法律政策梳理

随着我国人口老龄化的加速、失能老年人的不断增多、家庭照料功能的弱化,我国长期照料的需求日益增长。但从相关的法律政策来看,目前主要集中于综合性养老方面,而关于老年人长期照料的法律政策还比较滞后。

一、关于养老的法律政策

我国养老的法律政策从政策对象及其需求满足的角度来看,可以分为两个阶段。第一阶段是2000年以前,重点关注极端贫困的老年人,关注他们的基本生活需求;第二阶段是2000年以后,既关注极端贫困的老年人,也关注其他老年人,并从基本生活需求扩展到多层次的需求。

(一) 2000年以前的养老法律政策

计划经济时期,无论在城市还是农村,国家的养老政策都只针对家庭无力赡养的极端贫困人口。具体而言,政府首先界定出"无劳动能力、无经济收入来源、无法定赡养人"的老人作为政策对象,这类老人能获得维持其基本生活的收入补贴,而对于生活不能自理的老人,可以入住城市的福利院和乡镇的敬老院。城乡的不同在于,城市的筹资主体是地方政府,一般每个县至少有一家公立福利院,运营资金完全来源于地方政府;而农村的筹资主体是村集体,一般每个乡镇至少有一家敬老院对"五保"老人实行"集中供养"。由此可以看出，当时的养老政策包括了收入保障和生活照料两个方面，而对于失能老人的生活照料主要是基于福利院和敬老院的机构照料。

从 1978 年改革开放至 20 世纪末，养老服务的发展，无论政策还是服务供给，都近乎停滞——政策对象仍是原来的极少数缺乏家庭赡养能力的极端贫困人口，而且由于政府筹资的相对减少，连这部分人口都不足以保障；社会化的养老服务仍只有机构养老，且仍是公立机构占据主导地位，服务量和服务能力也都提高不大。总之，这期间，几乎所有的养老服务仍是由家庭提供，无论市场还是政府起的作用都非常有限，而且对于家庭养老也没有相应的社会支持。[①]

（二）2000 年以后的养老法律政策

老龄化社会是指老年人口占总人口达到或超过一定比例的人口结构模型。按照联合国的传统标准，如果一个地区 60 岁及以上老人达到总人口的 10%，新标准是 65 岁及以上老人占总人口的 7%，即可视为该地区进入老龄化社会。根据 2000 年 11 月底第五次人口普查，我国 60 岁及以上人口达 1.3 亿人，占总人口的 10.2%；65 岁及以上人口达 8811 万人，占总人口的 6.96%。[②] 以上比例按国际标准衡量，表明我国已确定无疑地进入了老龄化社会。面对人口老龄化的巨大压力，国家在法律政策层面作了深刻的反思，相继出台了一系列法律政策以推动养老服务业的发展。这些政策主要集中于养老服务多元化供给、医养结合、养老保险、智慧养老、税收优惠与财

[①] 房莉杰：《理解我国现阶段的长期照护政策》，载《北京工业大学学报（社会科学版）》2015 年第 5 期。

[②] 《第五次全国人口普查公报（第 1 号）》，http://www.stats.gov.cn/tjsj/tjgb/rkpcgb/qgrkpcgb/200203/t20020331_30314.html，2019 年 7 月 1 日访问。

政补贴等方面，此处重点关注与老年人长期照料密切相关的养老服务多元化供给和医养结合方面的法律政策。

1. 养老服务多元化供给

2000年，民政部等11个部委联合颁布了《关于加快实现社会福利社会化的意见》。为满足人民群众对福利服务需求日益增长的需要，文件提出了"广泛动员和依靠社会力量，大力推进社会福利社会化，加快社会福利事业的发展"。在养老服务方面，文件提出了"在供养方式上坚持以居家为基础、以社区为依托、以社会福利机构为补充"的养老服务原则以及投资主体多元化、服务对象公众化、服务方式多样化、服务队伍专业化的发展路径。之后又陆续出台了一系列"重量级"文件，包括国务院办公厅转发的全国老龄委等部门《关于加快发展养老服务业的意见》（2006）、国务院《关于加快发展服务业的若干意见》（2007）、全国老龄委等部门《关于全面推进居家养老服务工作的意见》（2008）、国务院《关于鼓励和引导民间投资健康发展的若干意见》（2010）、国务院办公厅《关于发展家庭服务业的指导意见》（2010）、国务院办公厅《社会养老服务体系建设规划（2011—2015年）》（2011）。

2011年，国务院发布的《中国老龄事业发展"十二五"规划》提出，探索中国特色社会福利的发展模式，发展适度普惠型的老年社会福利事业。服务对象从特殊老年人群向全体老年人口扩展，服务内容从物质供给向精神享受延伸，提供主体从单一主体向多元主体拓展，管理体制从政府主办向政府主导转变，服务方法从经验型向专业化转型。2012年7月，民政部下发《民政部关于鼓励和引导民间资本进入养老服务领域的实施意见》，明确了国家支持民间资本拓展居家养老服务、社区养老服务和机构养老服务，并鼓励境外资本在境内投资设立养老机构。2013年,《国务院关于加快发展养老服务业的若干意见》提出,"到2020年,全面建成以居家为基础、社区为依托、机构为支撑的……养老服务体系"。2014年,商务部、民政部发布公告,鼓励外国投资者在华设立营利性养老机构从事养老服务。2015年,民政部等10个部门共同发布《关于鼓励民间资本参与养老服务业发展的实施意见》,提出"鼓励民间资本参与居家和社区养老服务;鼓励民间资本参与机构养老服务;支持民间资本参与养老产业发展"。2015年,国家发改委、全国老龄委联合发布《关于进一步做好养老服务业发展有关工作的通知》,鼓励各地结合实际,按照市场化原则推动养老服务业创新发展等。

2016年,民政部与国家发改委制定的《民政事业发展第十三个五年规划》提出,积极开展应对人口老龄化行动,加快发展养老服务业,全面建成以居家为基础、社区为依托、机构为补充、医养相结合的多层次养老服务体系,创新投融资体制,探索建立长期照护保障体系,全面放开养老服务市场,增加养老服务和产品供给。2016年,国务院办公厅《关于全面放开养老服务市场提升养老服务质量的若干意见》提出,到2020年,养老服务市场全面放开,准入条件进一步放宽,养老服务和产品有效供给能力大幅提升。

2017年,国务院发布《"十三五"国家老龄事业发展和养老体系建设规划》,鼓励市场提供多层次、多样化的养老服务,提出要丰富养老新模式、新业态,加快形成产业链长、覆盖领域广、经济社会效益显著的养老服务产业集群。拟大力发展居家社区养老服务,逐步建立支持家庭养老的政策体系,支持成年子女与老年父母共同生活;支持社会力量兴办养老机构,对民间资本和社会力量申请兴办养老机构进一步放宽准入条件;增加老年用品供给,引导推进老年人适用产品、技术的研发应用;提升老年用品科技含量。

2. 医养结合

我国以往的医疗保障和养老保障制度存在明显的不衔接,当老年人发病后,需要在医院、家庭和养老院之间来回往返。加上老年人本身对医疗服务的需求逐渐增加,如此周折增加了老年人及其家属的负担,也延误了最佳的治疗时机。医养结合能够实现医疗和养老两方面资源的合理配置和长短互补,使老年人更好地安度晚年生活。

我国自2011年起开始关注医养结合方面的政策制定。2011年12月,国务院办公厅印发了《社会养老服务体系建设规划(2011—2015年)》,提出机构养老要具备为老年人提供突发性疾病和其他紧急情况的应急处置救援服务能力,使老年人能够得到及时有效的救援。鼓励在老年养护机构中内设医疗机构,并提出重点推进供养型、养护型、医护型养老设施建设。紧接着,国务院办公厅又印发了《社区服务体系建设规划(2011—2015年)》,指出开展面向全体社区居民的包含医疗卫生在内的服务项目,满足老年人、残疾人等社会全体的服务需求,开展老年人保健服务。2011年出台的这两个政策尽管没有明确提出"医养结合"这一概念,但在政策内容中已经开始重视老年人康复护理需求的满足。

2013年9月,国务院印发《国务院关于加快发展养老服务业的若干意见》,正式将"积极推进医疗卫生与养老服务相结合"作为养老服务业发展的六大主要任务之一。针对医养结合明确了探索医疗和养老融合发展的形式,医疗卫生机构应当针对老年人开展的服务内容,健全医疗保险机制和医保报销制度,以及养老机构内应重点引进的人员等问题。这一政策也被称为我国养老服务业发展史上的里程碑式文件,是我国制定医养结合政策的指导性政策,也是医养结合政策的原点。同月,国务院印发《关于促进健康服务业发展的若干意见》,针对"推进医疗机构与养老机构等加强合作"提出应在养老服务中充分融入健康理念,加强医疗机构和养老机构间的业务协作,增强服务能力,统筹医疗服务与养老服务资源等要求,并鼓励做好健康延伸服务。

2014年,国家发改委联合民政部、财政部等9个部门共同发布的《关于加快推进健康与养老服务工程建设的通知》正式出现了医养结合的表述,指出养老服务体系包括社区老年人日间照料中心、老年养护院、养老院和医养结合服务设施、农村养老服务设施等四类项目。2015年,国务院办公厅印发《全国医疗卫生服务体系规划纲要(2015—2020年)》正式明确了"医养结合"的概念,并以专门的篇幅对推进医疗机构与养老机构的合作、发展社区健康养老服务方面提出了要求。在此前文件的基础上增加了统筹医疗服务与养老服务资源、研究制订专项规划、形成健康养老服务网络,推动开展远程服务和移动医疗、健康延伸服务等要求。同年,国务院办公厅转发了国家卫生计生委等8个部门联合发布的《关于推进医疗卫生与养老服务相结合的指导意见》,正式落实有关医养结合的相关要求,进一步推进医疗卫生与养老服务相结合,对基本原则、发展目标、重点任务、保障措施、组织实施等进行了说明。在这一文件中,首次明确提出了"医养结合机构"的概念,指兼具医疗卫生和养老服务资质和能力的医疗卫生机构或养老机构,此外,还提出了"医养结合体制机制和政策法规体系""医养结合服务网络",并在养老机构和医疗服务机构的合作模式、融资和财税价格政策、规划布局和用地保障、人才队伍建设等方面提出了进一步的要求。可以说,这一文件明确了医养结合的诸多概念,是医养结合政策中的一个里程碑式文件。①

2016年,中共中央、国务院印发并实施《"健康中国2030"规划纲要》,提出健全医疗卫生机构与养老机构合作机制,鼓励社会力量兴办医养结合机构。2017年5月,国务院办公厅印发《关于支持社会力量提供多层次多样化医疗服务的意见》,提出推动发展多业态融合服务,促进医疗与养老融合,支持兴办医养结合机构。同年6月,国务院办公厅印发的《关于制定和实施老年人照顾服务项目的意见》提出,发展居家养老服务,为居家养老服务企业发展提供政策支持,加大推进医养结合力度,鼓励医疗卫生机构与养老服务融合发展,倡导社会力量兴办医养结合机构。

党的十九大报告强调:"积极应对人口老龄化,构建养老、孝老、敬老政策体系和社会环境,推进医养结合,加快老龄事业和产业发展。"② 养老服务的有效供给,有助于满足各层次老年人的不同养老需求,提高老年人的生活水平,实现"老有所养、病有所医",构建"全民养老"的社会主义和谐社会。

与不断完善的养老政策相比,我国在养老方面的立法较为滞后。1996年8月29日,第八届全国人民代表大会常务委员会第二十一次会议通过了《老年人权益保障法》,2018年12月29日第十三届全国人民代表大会常务委员会第七次会议对其进行了第三次修正。该法包括总则、家庭赡养与扶养、社会保障、社会服务、社会优待、宜

---

① 张涛等:《我国医养结合政策发展历程分析》,载《中国医院》2018年第6期。
② 《习近平:决胜全面建成小康社会 夺取新时代中国特色社会主义伟大胜利——在中国共产党第十九次全国代表大会上的报告》,http://www.gov.cn/zhuanti/2017-10/27/content_5234876.htm,2019年7月11日访问。

居环境、参与社会发展、法律责任和附则,在养老方面作出了一系列原则性的规定,但由于缺乏与之相配套的实施细则,目前很多方面还停留在纸面上。

梳理2000年以来的养老法律政策可以发现,我国目前的养老服务框架与之前相比有了本质性变化。首先,服务规划的对象不再局限于"补缺式"的"三无对象",而扩展到"普惠式"的全部有养老需求的老年人口。其次,服务提供者不再只是公立的福利机构,而代之以"社会福利社会化"的概念,强调筹资和服务提供者的多元化。[1] 最后,提出了"居家为基础、社区为依托、机构为补充、医养相结合"的综合性的养老服务体系,不再局限于机构养老,开始重视居家和社区养老服务,推进医养结合,服务机构和服务人员的专业化也日益受到重视。

二、关于老年人长期照料的法律政策

如果按照实现方式来划分,社会福利大致可以分为社会保障和社会服务两大类。社会保障主要针对的是经济风险,其实现方式是对政策对象的经济补偿。而社会服务尽管也涉及筹资,但是其目标是满足政策对象的服务需求,因此最终要将资金转化为相应的服务。从这个角度说,社会服务类的社会政策比社会保障更为复杂。[2] 由于老年人长期照料主要是服务供给,包括失能等级评估与长期护理服务,而又因为我国这两项服务的基础比较薄弱(有的地方甚至是空白),所以长期照料政策的制定与实施远比养老保障政策复杂。我国

---

[1] 房莉杰:《理解我国现阶段的长期照护政策》,载《北京工业大学学报(社会科学版)》2015年第5期。
[2] 同上。

目前关于老年人长期照料的法律政策主要包括支持家庭照料的法律政策与长期护理保险政策，且以后者为主。

（一）支持家庭照料的法律政策

我国在社会福利发展不足的同时出现了家庭保障功能弱化的征兆，使人们担忧老年人出现各种风险时家庭的保障能力，在社会提供服务不足、费用高或者服务质量不能满足需要时，人们还是倾向于家庭成员的护理和照顾。通过增强家庭功能，支持家庭成员承担尽可能大的责任，不仅有利于解决家庭问题、促进家庭和谐，提高家庭生活质量，而且能缓解人口老龄化等社会问题对公共财政产生的压力。① 正如全国老龄办副主任吴玉韶指出的："在养老问题上，从某种意义上来说强化家庭养老功能比增加养老投资、建养老机构更有积极的意义。"② 自 2011 年以来，我国在养老法律政策方面开始零星出现支持家庭照料的内容。

2011 年发布的《中国老龄事业发展"十二五"规划》中专门提到老年家庭建设，鼓励家庭成员与老年人共同生活或就近居住。健全家庭养老保障和照料服务扶持政策，为老年人随赡养人迁徙提供条件。鼓励为老年人家庭成员提供专项培训和支持，充分发挥家庭成员的精神关爱和心理支持作用。③《老年人权益保障法》第 27 条规定，"国家建立健全家庭养老支持政策，鼓励家庭成员与老年人共同生活或者就近居住，为老年人随配偶或者赡养人迁徙提供条件，

---

① 陈卫民：《我国家庭政策的发展路径与目标选择》，载《人口研究》2012 年第 4 期。
② 中国老年学学会编：《持续增长的需求：老年长期照护服务》，中国文联出版社 2010 年版，第 205 页。
③ 《国务院关于印发中国老龄事业发展"十二五"规划的通知》，http：//www.gov.cn/zwgk/2011-09/23/content_1954782.htm，2019 年 7 月 26 日访问。

为家庭成员照料老年人提供帮助"。

显然,国家已经认识到家庭在老年人长期照料中的作用,但目前仅有大的法律政策方向,缺乏具体的实施细则,例如,如何鼓励家庭成员与老年人共同生活或者就近居住;子女照料不能自理的老年家属是否能获得照料假或经济补贴等。

(二)长期护理保险政策

长期护理保险,是指以社会互助共济方式筹集资金,为长期失能人员的基本生活照料和与基本生活密切相关的医疗护理提供资金或服务保障的社会保险制度。这对于老年人长期照料特别是对于失能老年人的长期照料具有重要意义。很多国家(如荷兰、德国、日本等)都建立了长期护理保险制度,为应对人口老龄化、失能老年人不断增多的压力,我国自21世纪初也开始了对这一制度的探索。

从2006年起,长期护理保险开始出现在我国政策文件中,此后数量呈现波动上升趋势,并在2016年达到波峰,近年有下降趋势。具体来讲,2006年出台的《人口发展"十一五"和2020年规划》中首次提出"探索建立老年服务志愿者、照顾储蓄、长期护理保险等社会化服务制度"。党的十八届五中全会和"十三五"规划纲要提出要探索建立长期护理保险制度。2016年是我国长期护理保险政策的繁荣年,42%的相关政策文件都是在当年出台的。特别是在2016年6月,人力资源社会保障部办公厅出台了《关于开展长期护理保险制度试点的指导意见》(以下简称《指导意见》),这是我国国家层面首个关于长期护理保险的专门性政策,它对我国长期护理保险试点的基本原则、目标任务、基本政策和管理服务作了方向性阐释,奠定了地方层面长期护理保险政策文件的基础,有力推动了我国长期护理保险制度的快速建设。① 此处仅就《指导意见》作简要的解读。

1. 目标和任务

（1）试点目标。探索建立以社会互助共济方式筹集资金，为长期失能人员的基本生活照料和与基本生活密切相关的医疗护理提供资金或服务保障的社会保险制度。利用1—2年试点时间，积累经验，力争在"十三五"期间，基本形成适应我国社会主义市场经济体制的长期护理保险制度政策框架。

（2）主要任务。探索长期护理保险的保障范围、参保缴费、待遇支付等政策体系；探索护理需求认定和等级评定等标准体系和管理办法；探索各类长期护理服务机构和护理人员服务质量评价、协议管理和费用结算等办法；探索长期护理保险管理服务规范和运行机制。

2. 基本政策

（1）保障范围。长期护理保险制度以长期处于失能状态的参保人群为保障对象，重点解决重度失能人员基本生活照料和与基本生活密切相关的医疗护理等所需费用。试点地区可根据基金承受能力，确定重点保障人群和具体保障内容，并随经济发展逐步调整保障范围和保障水平。

（2）参保范围。试点阶段，长期护理保险制度原则上主要覆盖职工基本医疗保险（以下简称"职工医保"）参保人群。试点地区可根据自身实际情况，随制度探索完善，综合平衡资金筹集和保障需要等因素，合理确定参保范围并逐步扩大。

---

① 王华磊、穆光宗：《长期护理保险的政策研究：国际经验和中国探索》，载《中国浦东干部学院学报》2018年第5期。

（3）资金筹集。试点阶段，可通过优化职工医保统账结构、划转职工医保统筹基金结余、调剂职工医保费率等途径筹集资金，并逐步探索建立互助共济、责任共担的长期护理保险多渠道筹资机制。筹资标准根据当地经济发展水平、护理需求、护理服务成本以及保障范围和水平等因素，按照以收定支、收支平衡、略有结余的原则合理确定。建立与经济社会发展和保障水平相适应的动态筹资机制。

（4）待遇支付。长期护理保险基金按比例支付护理服务机构和护理人员为参保人提供的符合规定的护理服务所发生的费用。根据护理等级、服务提供方式等制定差别化的待遇保障政策，对符合规定的长期护理费用，基金支付水平总体上控制在70%左右。具体待遇享受条件和支付比例，由试点地区确定。

3. 管理服务

（1）基金管理。长期护理保险基金参照现行社会保险基金有关管理制度执行。基金单独管理，专款专用。建立举报投诉、信息披露、内部控制、欺诈防范等风险管理制度。建立健全长期护理保险基金监管制度，确保基金安全有效。

（2）服务管理。建立健全对护理服务机构和从业人员的协议管理和监督稽核等制度。明确服务内涵、服务标准以及质量评价等技术管理规范，建立长期护理需求认定和等级评定标准体系，制定待遇申请和资格审定及变更等管理办法。探索引入第三方监管机制，加强对护理服务行为和护理费用使用情况的监管。加强费用控制，实行预算管理，探索适应的付费方式。

（3）经办管理。加强长期护理保险经办管理服务能力建设，规范机构职能和设置，积极协调人力配备，加快信息系统建设。制定经办规程，优化服务流程，明确相关标准，创新管理服务机制。社会保险经办机构可以探索委托管理、购买以及定制护理服务和护理产品等多种实施路径、方法，在确保基金安全和有效监控前提下，积极发挥具有资质的商业保险机构等各类社会力量的作用，提高经办管理服务能力。加强信息网络系统建设，逐步实现与养老护理机构、医疗卫生机构以及其他行业领域信息平台的信息共享和互联互通。

4. 配套措施

（1）加强与其他保障制度之间的统筹衔接。做好与其他社会保险制度在筹资、待遇等方面的政策与管理衔接。应由已有社会保障制度和国家法律规定支付的护理项目和费用，长期护理保险基金不再给予支付，避免待遇重复享受。

（2）协同推进长期护理服务体系建设和发展。积极推进长期护理服务体系建设，引导社会力量、社会组织参与长期护理服务，积极鼓励和支持长期护理服务机构和平台建设，促进长期护理服务产业发展。充分利用促进就业创业扶持政策和资金，鼓励各类人员到长期护理服务领域就业创业，对其中符合条件的，按规定落实相关补贴政策。加强护理服务从业人员队伍建设，加大护理服务从业人员职业培训力度，按规定落实职业培训补贴政策。逐步探索建立长期护理专业人才培养机制。充分运用费用支付政策对护理需求和服务供给资源配置的调节作用，引导保障对象优先利用居家和社区护理服务，鼓励机构服务向社区和家庭延伸。鼓励护理保障对象的亲属、邻居和社会志愿者提供护理服务。

（3）探索建立多层次长期护理保障制度。积极引导发挥社会救助、商业保险、慈善事业等的有益补充，解决不同层面护理需求。鼓励探索老年护理补贴制度，保障特定贫困老年人长期护理需求。

鼓励商业保险公司开发适销对路的保险产品和服务，发展与长期护理社会保险相衔接的商业护理保险，满足多样化、多层次的长期护理保障需求。①

在青岛、长春、南通先期试点的基础上，《指导意见》初步勾勒了我国长期护理保险制度的框架，为试点城市相关政策的出台打下了基础。本书第四章第一节将结合上海试点的经验与不足，进一步指出我国长期护理保险制度的完善路径。

总体来说，根据不同政策类型，31个国家层面的长期护理保险政策文件可以被分为四类，分别是：意见类（11个）、规划类（10个）、通知类（9个）、决定类（1个）。这些类型的文件的优势是制定流程短、落地快、效率高，劣势在于政策缺少法律效力、约束力不够。同时，上述文件中关于长期护理保险的表述很少，且实质性内容不多，更多停留在倡导"探索建立长期护理保险制度，开展长期护理保险试点"的层面。目前，国家层面关于长期护理保险的专门性文件只有1个，具有重大影响力的文件几乎没有。面对未来民众对长期护理保险的巨大需求，我国必须重视长期护理保险制度的建立和完善，从制度层面保障民众对长期护理的需要。②

《指导意见》鼓励护理保障对象的亲属、邻居和社会志愿者提供护理服务。但这一点在各地试点中并未充分体现出来，例如，缺乏对主要家庭照料者的培训与指导，主要家庭照料者在可以替代护理员的情况下也没有得到相应的补贴，同时也没有如国外那样把喘息

---

① 《人力资源社会保障部办公厅关于开展长期护理保险制度试点的指导意见》，http://www.mohrss.gov.cn/SYrlzyhshbzb/shehuibaozhang/zcwj/yiliao/201607/t20160705_242951.html，2018年7月1日访问。
② 王华磊、穆光宗：《长期护理保险的政策研究：国际经验和中国探索》，载《中国浦东干部学院学报》2018年第5期。

服务纳入长期护理保险。

以上分析表明,无论是综合性的养老法律政策还是针对性的老年人长期照料法律政策,重点都在于机构养老与社区养老,而对于老年人长期照料的基石——家庭照料却只有口号式的倡导,而缺乏实质性的支持。例如,马焱认为,相关法律政策"照料者视角"不足,对家庭照料者的关注不够。[①] 可能的原因是决策者认为发展机构养老与社区养老就是对家庭养老的支持,当家庭养老难以为继时,机构养老与社区养老则发挥其托底作用。这种想法实际上已经落后于社会的发展与老年人的需求。公共养老资源不能仅"托底"即救助,还应该"普及"即惠及所有老年人。当然,我国庞大的老年人口与有限的养老资源之间的矛盾使当下的养老政策还只能做到适度普惠,即优先满足失能老年人,但这已明显区分于以往的政策着眼点。未来应该使家庭养老、社区养老、机构养老相互贯通,它们之间不应该有必然的界限,即要打通"9073"各个环节。机构养老可以利用自身的资源优势,培训和指导社区养老服务组织和人员,提供居家养老服务,实现示范、辐射、带动作用。社区养老可以发挥其桥梁和枢纽作用,整合社区养老资源,为家庭养老提供支持,并为机构养老的进与出提供过渡。家庭养老则尽可能发挥其优势,减少对机构养老与社区养老的压力。

总之,如果我国未来不能在顶层设计的高度重视家庭照料,与老年人长期照料相关的法律政策就不能充分发挥作用。正所谓"四两拨千斤",给予家庭照料者一定的支持,家庭照料就可以与社区照料、机构照料一起发挥更大的作用,使老年人的长期照料不再成为

[①] 马焱:《完善老年照料政策应提升性别敏感》,载《中国妇女报》2016年5月10日第B02版。

一个社会问题。另外,国家与家庭都是公民福利的来源,两者的关系不是相互替代而是相互补充。支持老年人家庭照料者就是国家责任与家庭责任相结合的最好体现,如果国家的法律政策能够给予老年人家庭照料者以实际的支持,那么家庭的照料功能就能更好地发挥,从而使老年人拥有幸福的晚年生活,家庭照料者也能够在照料老年人的同时实现自己的人生价值。

第三章

城市老年人家庭照料者的实证研究

社会转型给大多数中国人与中国家庭带来了机遇，也带来了挑战。然而，目前中国在社会风险应对方面还缺乏顶层设计，不能有效地防范与化解社会风险，由此导致各种压力最终落在了个体与家庭之上。重压不仅严重影响了个体与家庭的生活质量，不断累积的社会风险也对社会稳定和社会秩序构成了越来越大的潜在威胁。老年人长期照料就是这样一个风险领域，如果未来不能有效地支持家庭照料者，潜在的社会风险就可能转变为现实的社会危机。本章通过定量研究考察城市老年人家庭照料者①的照料负担与照料意愿，以说明老年人长期照料领域中的潜在风险。

第一节　城市老年人家庭照料者的照料负担研究

　　2014年中国老年社会追踪调查（CLASS）数据表明，高龄老年人需要别人照料的比例（24.36%）远高出老年人总体水平（7.66%）。②据世界卫生组织2016年的预测，到2050年中国80岁

---

① 本章如无特别说明，照料者均指家庭照料者。
② 杜鹏等：《中国老年人的养老需求及家庭和社会养老资源现状——基于2014年中国老年社会追踪调查的分析》，载《人口研究》2016年第6期。

及以上老年人将达9040万人。① 2016年"第四次中国城乡老年人生活状况抽样调查"显示，2015年，全国城乡失能、半失能老年人口在老年人口中的占比为18.3%，总量约为4063万人。② 另有预测推断我国失能老年人将持续增长，到2020年增加到4200万人，2030年增加到6168万人，2050年增加到9750万人。③ 显然，失能、半失能老年人更需要长期照料。2015年，我国城乡老年人自报需要照护服务的比例为15.3%，比2000年的6.6%上升近9个百分点。④ 由于我国城乡经济社会发展水平的较大差异，大多数城市医疗条件较好，且大多数城市家庭的经济条件尚可，因此部分城市老年人失能后的存活时间较以往延长，将会加大对长期照料的需求。

目前我国存在三种主要的养老模式，即家庭养老、社区养老与机构养老，后两者可以合并为社会养老。国外经验表明，社会养老在老龄化社会中发挥着重要作用，一方面支持家庭养老，让家庭继续发挥老年人长期照料的主要作用；另一方面在家庭养老缺失或无法持续时，能够独立地给老年人提供长期照料服务。然而，由于社会养老发展的滞后，我国仍将在很长一段时间内以家庭养老为主。但在社会转型时期，家庭结构小型化与家庭劳动人口工作压力增大，

---

① 《中国老龄化与健康国家评估报告》，https://www.who.int/ageing/publications/china-country-assessment/zh/，2019年5月6日访问。
② 《三部门发布第四次中国城乡老年人生活状况抽样调查成果》，http://jnid.mca.gov.cn/article/zyjd/xxck/201610/20161000886652.shtml，2019年5月25日访问。
③ 《全国老龄办：4年后我国失能老人将达4200万 80岁以上高龄老人2900万》，http://www.xinhuanet.com//politics/2016-10/26/c_1119794196.htm，2018年12月25日访问。
④ 《三部门发布第四次中国城乡老年人生活状况抽样调查成果》，http://jnid.mca.gov.cn/article/zyjd/xxck/201610/20161000886652.shtml，2019年5月25日访问。

导致家庭的照料功能逐渐弱化，再加上孝道的衰弱，家庭养老模式面临着前所未有的挑战，即家庭照料者很可能因为无法承受不断加重的照料负担而放弃家庭养老，把老年人送入养老院。所以，必须考察老年人家庭照料者的照料负担及其影响因素，为相关法律政策的制定与完善提供参考。

一、照料负担及其影响因素的相关研究

大多数既往研究使用美国宾夕法尼亚大学史蒂文·H.扎里特（Steven H. Zarit）教授等人在1980年提出的有关照料负担的定义。扎里特等人将照料负担定义为照料者因为照料他们的亲人所感到的心理或生理健康、社会生活和财务状况受损的程度。[1] 照料负担可以分为客观照料负担与主观照料负担。客观照料负担是指与实际提供的援助相关的"具体的事件、事情和活动"，而主观照料负担是指来自照料经历的"感情、态度和情感"。[2] 显然，扎里特等人的定义主要指的是主观照料负担。一般认为客观照料负担更为明确，因而更能准确地预测照料者是否会把老年人送入养老院，然而几项研究发现主观照料负担在预测家庭照料的崩溃和确定治疗重点方面更为重要。[3]

自20世纪70年代以来，很多关于照料负担的研究指出了照料角色对于照料者的影响。对于大多数照料者而言，照料角色的影响

---

[1] Steven H. Zarit, et al., Relatives of the Impaired Elderly: Correlates of Feelings of Burden, 6 *The Gerontologist* 20 (1980), pp. 649-655.
[2] R. J. V. Montgomery, et al., Caregiving and the Experience of Subjective and Objective Burden, 1 *Family Relations* 34 (1985), pp. 19-26.
[3] Osamu Matsuda, Reliability and Validity of the Subjective Burden Scale in Family Caregivers Elderly Relatives with Dementia, 2 *International Psychogeriatrics* 11 (1999), pp. 159-170.

是负面的。第一,照料角色对照料者的身心健康会产生深刻的不利影响。① 第二,非正式照料会导致照料者特别是缺乏经济资源的照料者巨大的经济压力。② 第三,给老年家属提供照料会导致照料者与被照料者之间、照料者与其他家庭成员之间以及不同照料者之间的冲突。③ 第四,照料的责任常常会限制照料者的社会参与,而社会参与对于个体的完整性是非常重要的。④ 第五,较深地参与照料会对那些全职工作的照料者的职业发展造成不利影响,甚至会导致他们退出职场。⑤ 值得注意的是,这些潜在影响是交织在一起的。例如,照料者由于照料老年家属而无法全职或兼职工作,而在没有稳定收入的情况下,他们又难以承担不断增加的照料成本,其经济压力更大。

既往研究表明照料负担的影响因素包括四个维度,即照料者维度、老年人维度、互动维度和社会支持维度。

(一) 照料者维度

在照料者维度中,必须首先考虑照料者的卷入程度。皮卡德(Linda Pickard)与罗宾逊(Julie Robinson)等指出,照料负担直接

---

① Michael Hirst, Carer Distress: A Prospective, Population-based Study, 3 *Social Science & Medicine* 61 (2005), pp. 697-708.
② Michael J. Moore, et al., Informal Costs of Dementia Care: Estimates from the National Longitudinal Caregiver Study, 4 *Journal of Gerontology: Social Sciences* 56B (2001), pp. S219-S228.
③ James O. Billups, Caring for the Carers in a Laggard Welfare State: Crisis and Alternatives, 1 *International Social Work* 31 (1988), pp. 23-32.
④ Margaret J. Bull, Ruth E. McShane, Needs and Supports for Family Caregivers of Chronically Ill Elders, 2 *Home Health Care Management & Practice* 14 (2002), pp. 92-98.
⑤ 蒋承、赵晓军:《中国老年照料的机会成本研究》,载《管理世界》2009年第10期;刘柏惠:《我国家庭中子女照料老人的机会成本——基于家庭动态调查数据的分析》,载《人口学刊》2014年第5期。

受照料活动卷入程度的影响。① 社会政策研究明确区分了"非正式的帮助"与"高度卷入的照料"。② 高度卷入的照料者极有可能承受沉重的负担从而需要支持。③ 照料者维度中其他影响照料负担的因素包括照料能力④、健康状况⑤、家庭经济状况⑥、角色冲突⑦、照料动机⑧以及孝道认同⑨。这些因素可以概括为客观因素（包括卷入程度、照料能力、健康状况、家庭经济状况、角色冲突等）和主观因素（包括照料动机、孝道认同、照料意愿等）。一般而言，如果照料者的卷入程度不是很深，照料能力较强，比较健康，家庭经济状况良好，角色冲突不明显，是出于爱的照料，孝道认同度较高，以及

---

① Linda Pickard, *The Effectiveness and Cost-effectiveness of Support and Services to Informal Carers of Older People: A Review of the Literature Prepared for the Audit Commission*, London: Audit Commission, 2004; Julie Robinson, *et al.*, A Broader View of Family Caregiving: Effects of Caregiver Conditions on Depressive Symptoms, Health, Work, and Social Isolation, 6 *Journals of Gerontology: Social Sciences* 64B (2009), pp. 788-798.
② Gillian M. Parker, Counting Care: Numbers and Types of Informal Carers, in Julia Twigg (ed.), *Carers: Research and Practice*, London: HMSO, 1992.
③ Linda Pickard, *The Effectiveness and Cost-effectiveness of Support and Services to Informal Carers of Older People: A Review of the Literature Prepared for the Audit Commission*, London: Audit Commission, 2004.
④ Lea Baider, Antonella Surbone, Universality of Aging: Family Caregivers for Elderly Cancer Patients, 744 *Frontiers in Psychology* 5 (2014), pp. 1-7.
⑤ Silvia Sörensen, *et al.*, Dementia Care: Mental Health Effects, Intervention Strategies, and Clinical Implications, 11 *Lancet Neurology* 5 (2006), pp. 961-973.
⑥ Julie Robinson, *et al.*, A Broader View of Family Caregiving: Effects of Caregiver Conditions on Depressive Symptoms, Health, Work, and Social Isolation, 6 *Journals of Gerontology: Social Sciences* 64B (2009), pp. 788-798.
⑦ R. H. Lawrence, *et al.*, Quality of the Caregiver-Care Recipient Relationship: Does It Offset Negative Consequences of Caregiving for Family Caregivers? 1 *Psychology and Aging* 13 (1998), pp. 150-158.
⑧ António M. Fonseca, *et al.*, Working Family Carers in Portugal: Between the Duty and the Burden of Caring for Old Vulnerable People, 10 *International Journal of Palliative Nursing* 16 (2010), pp. 476-480.
⑨ Isabella Paoletti, Membership Categories and Time Appraisal in Interviews with Family Caregivers of Disabled Elderly, 4 *Human Studies* 24 (2001), pp. 293-325.

照料意愿较强,照料负担会比较轻。

(二)老年人维度

照料负担的第二个维度是老年人的健康状况,即老年人的日常生活能力或工具性日常生活能力。如果一个老年人的日常生活需要大量的帮助,即严重依赖他人,照料者必然会更深地卷入照料,[1] 照料负担由此加重。

(三)互动维度

既有研究指出,照料者与老年人之间的互动可能会影响照料负担。互动维度的测量指标包括关系类型、关系质量和老年人对照料的满意度。关系类型因照料者的不同而不同,即老年人可能是照料者的父母或岳父母,或者是照料者的配偶。不同的关系导致老年人的不同需要,[2] 照料者由此会承受不同的负担。[3] 然而,与关系类型相比,照料负担更可能受到关系质量的影响。[4] 如果双方都认为他们的关系较好,照料负担会较低,反之亦然。此外,老年人对照料的满意度较高,照料者就会因为获得正面的反馈而心情愉快,照料负担由此减轻。

---

[1] R. H. Lawrence, *et al.*, Quality of the Caregiver-Care Recipient Relationship: Does It Offset Negative Consequences of Caregiving for Family Caregivers? 1 *Psychology and Aging* 13 (1998), pp. 150-158.

[2] Gillian M. Parker, Informal Care of Older People in Great Britain: The 1985 General Household Survey, in Julia Twigg (ed.), *Informal Care in Europe*, University of York: Social Policy Research Unit, 1993.

[3] Jane Aronson, Sheila M. Neysmith, The Retreat of the State and Long-term Care Provision: Implications for Frail Elderly People, Unpaid Family Carers and Paid Home Care Workers, 1 *Studies in Political Economy* 53 (1997), pp. 37-66.

[4] Patricia M. San Antonio, *et al.*, The Importance of Relationship: Elders and Their Paid Family Caregivers in the Arkansas Cash and Counseling Qualitative Study, 1 *Journal of Applied Gerontology* 25 (2006), pp. 31-48.

（四）社会支持维度

照料负担还可能与照料者所得到的社会支持的程度成反比。[①] 提供给照料者的社会支持可以分为两类：正式支持与非正式支持。正式支持指的是公共服务（如日间照料服务、居家喘息和机构喘息等）对照料者的帮助。非正式支持则来自家庭成员、亲戚或朋友，他们愿意与照料者分担照料责任。显然，如果照料者同时得到正式的和非正式的支持，他们的照料负担会大幅减轻。

总体看来，大多数既往研究仅仅聚焦于照料负担影响因素的一个或两个维度，由此无法判断哪一个维度对照料负担的影响更大。在这项研究中，笔者试图涵盖所有维度，以更为全面地理解中国城市家庭照料者的照料负担。

二、照料负担及其影响因素的实证考察

本研究的数据来自2016年国家社会科学基金项目"特大城市社会养老的公共政策创新研究"的抽样调查。2017年1—3月，课题组采用多段抽样方法，对上海市失能老年人及其主要家庭照料者进行随机抽样调查。首先随机抽取了10个区（长宁、静安、黄埔、徐汇、虹口、普陀、杨浦、浦东、闵行、松江）；其次根据各区失能老年人的总数在每个区随机抽取了1—3个街镇；再次在抽中街镇提供的失能老年人名单中，随机抽取了30个居民户；最后得到535个配对样本（相关变量的描述统计见表3-1）。该数据是国内少有的关于失能老年人家庭照料的配对样本数据，此前基本上只有失能老年人

[①] Yumiko Arai, *et al.*, Factors Related to Feelings of Burden Among Caregivers Looking After Impaired Elderly in Japan Under the Long-term Care Insurance System, 4 *Psychiatry & Clinical Neurosciences* 58 (2004), pp. 396-402.

的数据。

表 3-1 相关变量的描述统计（均值/标准差）（N=505）

变量名	取值范围	均值/标准差	变量名	取值范围	均值/标准差
照料负担	[0—88]	28.96/17.44	关系类型（夫妻关系=1）	[0—1]	0.36/0.48
是否独自照料（独自照料=1）	[0—1]	0.27/0.45	关系质量（照料者角度）（很不好=1）	[1—5]	4.10/0.91
是否与老年人同住（不同住=1）	[0—1]	0.28/0.45	关系质量（老年人角度）（很不好=1）	[1—5]	4.18/0.73
角色冲突Ⅰ（从未有冲突=1）	[1—3]	1.49/0.72	老年人对照料的满意度（非常不满意=1）	[1—5]	3.96/0.61
角色冲突Ⅱ（从未有冲突=1）	[1—3]	1.47/0.70	其他照料者数量（个）		1.38/1.32
家庭经济状况	[0—12]	1.93/3.07	社区养老服务满意度Ⅰ（非常不满意=1）	[1—5]	3.16/0.85
照料能力（完全不了解=1）	[1—5]	2.97/0.88	社区养老服务满意度Ⅱ（非常不满意=1）	[1—5]	3.21/0.87
照料意愿	[0—10]	8.54/1.60	照料者性别（男=1）	[0—1]	0.42/0.49
是否出于爱的照料（是=1）	[0—1]	0.08/0.27	照料者年龄（岁）		65.35/12.55
孝道认同（很不认同=1）	[1—5]	4.34/1.06	照料者受教育年限（年）		11.24/3.64
照料者健康状况（非常差=1）	[1—5]	3.07/0.86	照料者有无伴侣（无=1）	[0—1]	0.11/0.31
老年人日常生活活动能力	[0—100]	51.98/40.53	照料者有无宗教信仰（有=1）	[0—1]	0.12/0.32
老年人工具性日常生活活动能力	[0—24]	7.01/7.29	老年人的经济状况（非常不够=1）	[1—5]	3.35/0.91

注：角色冲突Ⅰ是指照料老年人与照料其他人之间的冲突，角色冲突Ⅱ是指照料老年人与工作或学习之间的冲突。社区养老服务满意度Ⅰ是从照料者角度的评价，社区养老服务满意度Ⅱ是从老年人角度的评价。

选择上海的原因是，上海是我国最早进入老龄化社会的城市，也是我国老龄化程度最高的大型城市。根据上海市科学研究中心的数据，截止到 2018 年 12 月 31 日，上海市 60 岁及以上老年人口为 503.28 万人，占全市总人口的比重为 34.4%；80 岁及以上老年人口为81.67万人，占全市60岁及以上老年人口的比重为16.2%。① 上海市残联的数据显示，2018年60岁及以上的残疾人为349725人，占全市60岁及以上老年人口的比重为6.9%，② 而失能的测量尺度比残疾的更宽，上海市失能老年人的比重估计在10%以上。③ 因此，上海市老年人长期照料的压力较大，在大部分老年人居家养老的情况下，家庭照料者的照料负担较重。

在这项研究中，家庭照料者是指给老年亲属提供照料服务的人，通常不需要报酬；照料对象是指年龄在60岁及以上的接受照料的亲属。最常见的家庭照料者是配偶或子孙。在家庭照料者中，我们关注主要照料者，他们提供了更加全面的照料且持续照料了至少3个月（通过问卷中的过滤问题筛选）。

（一）变量与测量

1. 因变量——主观照料负担④

问卷中采用了扎里特教授设计的照料负担量表（ZBI），它是目前北美和欧洲评价家庭照料者负担的最广泛使用的工具。⑤ 该量表有四个维度，包括照料者健康情况、精神状态、经济和社会生活，共

---

① 上海市老龄科学研究中心：《2018年上海市老年人口和老龄事业监测统计信息》，http://www.shweilao.cn/cms/cmsDetail?uuid=5615186e-685f-4003-bbc2-09454a4f7736，2019年6月30日访问。
② 上海市残疾人联合会：《2018年上海市残疾人事业基本数据情况》，http://www.shdisabled.gov.cn/clwz/clwz/ztwz/sjsc/index.html?tm=1556173193061，2019年8月5日访问。
③ 《上海失能失智老人逾63万，社区日间托老机构正在转型》，http://news.ifeng.con/c/7fcoMJNdqDT，2018年6月8日访问。
④ 本部分实证研究如无特别说明，照料负担即是主观照料负担。
⑤ Yumiko Arai, et al., Factors Related to Feelings of Burden Among Caregivers Looking After Impaired Elderly in Japan Under the Long-term Care Insurance System, 4 *Psychiatry & Clinical Neurosciences* 58 (2004), pp. 396-402.

22个条目,每道题分值为0—4(0表示从未,4表示总是),取值范围是0—88。得分越高,表明主观照料负担越重。一般说来,0—20表明没有负担;21—40表明轻度负担;41—60表明中度负担;61—80表明重度负担。

2. 自变量

基于既往研究,我们假设照料负担受四个维度中的多个自变量的影响。

(1)照料者维度

投入在照料中的时间被公认为是测量照料卷入程度最好的方式之一。然而,对于照料者来说,他们很难计算自己每天或每周平均花在照料老年亲属上的时间。有些老年人需要一直照看,而有些仅仅在他们健康状况很差时需要帮助。由此,在这项研究中,我们用"是否独自照料老年人"与"是否与老年人同住"替代照料时间。通常,照料者独自照料老年人和/或与老年人同住会承受大量的压力。在我们的样本中,照料者独立照料老年人赋值为1,否为0;照料者与老年人同住赋值为1,否为0。

问卷中测量照料能力的具体问题是"您是否了解照料老人的相关知识(如日常护理、应急抢救、心理疏导等)",采用5分测量(1表示完全不了解,5表示非常了解)。

问卷中测量照料者健康状况的问题是"您现在的健康状况如何",也采用5分测量(1表示非常差,5表示非常好)。

由于准确测量家庭经济状况不太容易,我们根据老年人的五种基本需要构建了家庭经济状况指数。这些需要包括老年人的日常生活、医疗、特殊设施、社会服务与娱乐。我们询问照料者在满足老年人的每一种需要时是否有困难。由于不同需要的权重不一样(如老年人日常生活需要是最为基本的需要，其权重最高），这个指数的取值范围为0—12，得分越高，表明照料者的家庭经济状况越差。为了便于理解，将家庭经济状况指数转变为家庭经济状况，取值范围仍为0—12，得分越高，表明照料者的家庭经济状况越好。

这项研究还考察了两种类型的角色冲突。第一种角色冲突是照料老年人与照料其他人之间的冲突。第二种角色冲突是照料与工作或学习之间的冲突。基于照料者所感知的冲突的频率，将从未感到冲突赋值为0，偶尔感到冲突赋值为1，经常感到冲突赋值为2。

在这项研究中，我们特别感兴趣的是探索照料动机的二分法对照料负担的不同影响，即出于爱而照料老年人的照料者是否比出于其他动机而照料老年人的照料者的照料负担更小。虚拟变量被用于区分出于爱的照料（赋值为1）与出于其他动机的照料（赋值为0）。

问卷中测量照料者孝道认同的问题是"您对传统孝道的态度是"，采用5分测量（1表示完全不认同，5表示完全认同）。

10分测量被用来测量照料意愿，0表示非常不愿意照料老年人，10表示非常愿意照料老年人。

一般来说，独自照料老年人和/或与老年人同住的照料者会有更多的压力；照料者的照料能力越强，照料负担越轻；照料者的健康状况越好，照料负担越轻；照料者的家庭经济状况越好，照料负担越轻；照料者角色冲突发生的频率越高，照料负担越重；出于爱而照料老年人的照料者比出于其他动机而照料老年人的照料者的照料负担更轻；照料者对孝道的认同度越高，照料负担越轻；照料者越愿意照料老年人，照料负担越轻。

（2）老年人维度

照料包括提供"日常生活活动能力"方面（ADL）的帮助，如洗澡和喂饭，以及"工具性日常生活活动能力"方面（IADL）的帮助，如购物、交通和经济援助。通常，当被照料者开始具有ADL方面的问题时，他们也可能具有IADL方面的问题。

我们采用Barthel指数来测量老年人的日常生活活动能力。这个指数由10个指标构成，即进食、洗澡、修饰（洗脸、刷牙、剃须、梳头）、穿衣（系鞋带、扣纽扣等）、大便、小便、用厕（擦净、整理衣裤、冲水）、从床上到椅子上（或相反）、平地走45米、上下楼梯。每个指标有4个选项，即独立、部分独立需部分帮助、需极大帮助和完全不能独立。该指数的取值范围为0—100，取值越低，老年人的日常生活活动能力越差。一般来说，0—40表示日常生活活动能力重度受损；41—60表示中度受损；61—100表示轻度受损。

我们采用Lawton-Brody指数来测量老年人的工具性日常生活活动能力。这个指数包括8个指标，即购物、旅游、做饭、做家务、洗衣服、打电话、吃药和理财，每个指标包括3—5个取值。该指数的取值范围为0—24，取值越低，老年人的工具性日常生活活动能力越差。

一般而言，老年人的日常生活活动能力或工具性日常生活活动能力越差，主要照料者的照料负担越重。

（3）互动维度

互动维度包括3个指标。关系类型可以区分为老年人的配偶（赋值为1）和其他亲属（赋值为0）。问卷调查要求照料者与老年人从他们各自的角度评估他们的关系即关系质量（5分测量，1为很差，5为很好）。问卷调查还测量了老年人对照料的满意度（5分测量，1为很不满意，5为很满意）。一般而言，由于与老年人朝夕相处，配偶比其他亲属的照料负担更大；照料者与老年人的关系越好，照料负担越轻；老年人对照料的满意度越高，照料负担越轻。

(4) 社会支持维度

在这项研究中，我们用其他照料者的数量来测量主要照料者得到的非正式支持。而对于正式支持，我们要求照料者与老年人各自评估他们所在社区的养老服务（5分测量，1为很不满意，5为很满意）。通常说来，其他照料者越多，主要照料者的负担越轻；照料者与老年人对社区养老服务越满意，主要照料者的负担越轻。

3. 控制变量

控制变量包括照料者的性别（男性为1，女性为0）、年龄、受教育年限、婚姻状况（有伴侣为1，没有伴侣为0）、宗教信仰（有宗教信仰为1，没有宗教信仰为0）以及老年人的经济状况（5分测量，1为非常差，5为非常好）。一般认为，女性是家庭照料的主要承担者，她们的照料负担可能更重；年龄偏大的照料者身体状况一般较差，他们的照料负担可能更重；受教育年限较高的照料者其照料的机会成本较高，他们的照料负担可能更重；有伴侣的照料者可以得到伴侣的支持，他们的照料负担可能更轻；有宗教信仰的照料者因为宗教的精神慰藉作用，其照料负担可能更轻；而老年人的经济状况越好，照料者得到的补偿可能越多，由此导致照料负担的减少。

(二) 结果分析

1. 照料负担的单变量分析

表3-1呈现了主要研究变量的描述性统计值。仅就因变量——主观照料负担而言，其均值为28.96，不是很高。然而，分组统计显示，38.81%的照料者感觉没有负担，36.24%的照料者感觉有轻度负担，19.60%的照料者感觉有中度负担，5.35%的照料者感觉有重

度负担。如果我们合并中度与重度负担的照料者,就有接近 25% 的照料者在他们照料老年人的过程中感到有压力。

2. 照料负担影响因素的 OLS 回归

由于照料负担是一个连续变量,根据影响照料负担的四个维度,本研究构建了 5 个 OLS 回归模型。模型 1 针对维度一——照料者维度,模型 2 针对维度二——老年人维度,模型 3 针对维度三——互动维度,模型 4 针对维度四——社会支持维度,模型 5 是全模型,包括了所有维度(见表 3-2)。

表 3-2 照料负担影响因素的 OLS 估计结果(N = 505)

变量	模型 1	模型 2	模型 3	模型 4	模型 5
独自照料	4.130**				3.520*
	(1.457)				(1.539)
不与老年人同住	-2.759				-2.892
	(1.618)				(1.667)
照料能力	2.440**				2.326**
	(0.757)				(0.733)
照料者健康状况	-4.958***				-3.945***
	(0.825)				(0.796)
照料者家庭经济状况	-1.175***				-1.061***
	(0.284)				(0.261)
偶尔有角色冲突Ⅰ			4.257*		5.630**
			(1.895)		(1.849)
经常有角色冲突Ⅰ			6.963**		7.618**
			(2.628)		(2.373)
偶尔有角色冲突Ⅱ			1.509		1.267
			(1.818)		(1.702)
经常有角色冲突Ⅱ			5.991*		4.995
			(2.947)		(2.670)

(续表)

变量	模型1	模型2	模型3	模型4	模型5
出于爱的照料	-6.238**				-5.612**
	(1.900)				(1.889)
孝道认同	-1.592*				-0.938
	(0.650)				(0.593)
照料意愿	-2.097***				-1.398**
	(0.437)				(0.435)
日常生活活动能力（老年人）		-0.102**			-0.087***
		(0.032)			(0.025)
工具性日常生活活动能力（老年人）		-0.117			-0.039
		(0.170)			(0.142)
夫妻关系			0.915		-1.332
			(2.164)		(2.095)
关系质量（照料者角度）			-3.998***		-2.184**
			(0.842)		(0.734)
关系质量（老年人角度）			-2.814*		-0.974
			(1.244)		(1.150)
老年人对照料的满意度			-0.542		0.986
			(1.431)		(1.308)
其他照料者的数量				-1.754**	-1.232*
				(0.578)	(0.528)
社区养老服务满意度I				-4.621***	-3.283***
				(1.123)	(0.857)
社区养老服务满意度II				0.248	1.248
				(1.071)	(0.930)
男性照料者	-2.330	-2.071	-2.564	-1.938	-1.264
	(1.383)	(1.475)	(1.466)	(1.454)	(1.300)
照料者年龄	0.021	-0.071	-0.037	-0.031	0.033
	(0.075)	(0.068)	(0.087)	(0.067)	(0.082)
照料者受教育年限	0.483**	0.516**	0.699***	0.667**	0.434*
	(0.177)	(0.190)	(0.199)	(0.187)	(0.173)

(续表)

变量	模型1	模型2	模型3	模型4	模型5
照料者无伴侣	-0.340	1.471	1.190	1.397	-0.347
	(1.815)	(2.050)	(2.060)	(2.067)	(1.790)
照料者有宗教信仰	-3.334	-0.690	-0.121	-0.935	-1.237
	(1.986)	(1.997)	(2.129)	(2.127)	(1.947)
老年人的经济状况	-1.688*	-3.161***	-3.209***	-3.559***	-0.557
	(0.841)	(0.873)	(0.863)	(0.857)	(0.786)
常数项	56.969***	45.277***	65.175***	52.419***	63.291***
	(7.493)	(6.020)	(8.564)	(6.303)	(8.006)
观察值	505	505	505	505	505
判定系数	0.340	0.141	0.150	0.137	0.427

注：括号内为稳健标准误，*** $p<0.001$，** $p<0.01$，* $p<0.05$（双尾检验）。

（1）照料者维度对照料负担的影响

表3-2中的模型1显示，"独自照料"对照料负担有显著的正向影响（$p<0.01$）。与有其他人协助的照料者不同，独自照料老年人的照料者卷入照料的程度更深，由此导致其照料负担加重。但是，测量照料卷入程度的另一个变量——"与老年人同住"对照料负担的影响并不显著，原因可能是不与老年人同住的照料者通常与老年人住得不远。

统计结果表明，照料者的健康状况对照料负担有显著的负向影响（$p<0.001$），这意味着照料者的身体状况越差，照料负担越重。另外，照料者的家庭经济状况对照料负担也有显著的负向影响（$p<0.001$），即照料者的家庭经济状况越好，照料负担越轻。

与预期相符的是，与从未感到照料老年人与照料其他人之间的角色冲突的照料者相比，那些经常遭遇这类角色冲突的照料者会承受更重的照料负担。由于很多照料者是老年人的子女，他们中的大多数都有自己的小家庭，所以当他们需要照料除老年人之外的其他家庭成员时,这类冲突必然会出现。同样,与从未感到照料老年人与工作或学习之间的角色冲突的照料者相比,那些经常面临这类角色冲突的照料者会承受更重的照料负担。

模型 1 还表明,出于爱而照料老年人的照料者比出于其他动机而照料老年人的照料者的照料负担更轻;照料者对孝道的认同度越高,照料负担越轻;照料者的照料意愿越强,照料负担越轻。这说明照料者的情感、责任与意愿对照料负担存在影响。

在照料者维度中,唯一与预期不同的是,照料者的照料能力对照料负担有着显著的正向影响,即照料能力越强,照料负担越重。这可能是因为照料者常常是在老年人严重失能后才开始全面学习与真正掌握各种照料老年人的知识与技能的。

(2)老年人维度对照料负担的影响

表 3-2 中的模型 2 显示了老年人的"日常生活活动能力"(ADL)与"工具性日常生活活动能力"(IADL)对照料负担的影响。与预期相符的是,ADL 对照料负担有着显著的负向影响($p < 0.001$),这意味着随着老年人日常生活活动能力的下降,照料负担增加。但 IADL 对照料负担的影响并不显著,这可能是因为 IADL 不能准确地测量老年人的失能状况。

(3)互动维度对照料负担的影响

表 3-2 中的模型 3 显示了互动维度对照料负担的影响。统计结果显示,关系类型对照料负担没有显著的影响。可能的原因是配偶照料者可能有他们自己的健康问题,由此不能给他们的伴侣提供足够的照料。而其他照料者(主要是老年人的子女及其配偶)可能被多种社会角色所困(如照料者、父母、配偶和员工等)。也就是说,不同类型的照料者在照料老年人的过程中都有自己的难处。从照料者

与老年人各自的角度来看，关系质量对照料负担有显著的负向影响，即二者关系越好，照料负担越轻。这个结果与宋京德（Kyu-Taik Sung）的发现相一致，他认为关系质量是照料负担的关键影响因素。① 老年人对照料的满意度对照料负担没有显著的影响，这可能是因为从老年人的角度评价关系质量已经在某种程度上反映了他们对照料的满意度。

（4）社会支持维度对照料负担的影响

表3-2中的模型4显示了社会支持维度对照料负担的影响。就非正式支持的影响而言，其他照料者的数量对照料负担有着负向影响（$p < 0.01$）。这意味着其他照料者越多，主要照料者就可以得到更多的协助，照料负担由此减轻。就正式支持的影响而言，照料者关于社区养老服务的满意度越高，照料负担越轻（$p < 0.001$），但老年人关于社区养老服务的满意度对照料负担没有显著的影响。这一结果并不令人惊讶，因为照料者关于社区养老服务的满意度是照料负担的直接影响因素。

（5）全模型

表3-2中的模型5显示了所有四个维度对照料负担的影响。在全模型中，除了少数变量之外，模型1—4中对照料负担有显著影响的大多数变量仍然有显著影响。当然，估计系数与显著性水平并不相同。独自照料、经常有角色冲突Ⅱ、照料意愿、关系质量（照料者角度）、其他照料者的数量这五个变量的显著性水平下降，而偶尔有角色冲突Ⅰ与老年人日常生活活动能力的显著性水平上升。孝道认同与关系质量（老年人角度）在全模型中的影响不再显著。在我国，

---

① Kyu-Taik Sung, A New Look at Filial Piety: Ideals and Practices of Family Centered Parent Care in Korea, 5 *The Gerontologist* 30 (1990), pp. 610-617.

虽然很多成年子女对他们的父母和岳父母有着强烈的孝心，然而仅有孝心并不足以帮助他们克服沉重的照料负担。这一结果与既往研究的发现不同。①

在控制变量中，照料者的受教育年限在5个模型中都对照料负担有着显著的正向影响，这表明照料者的教育程度越高，照料负担越重。其原因可能是照料的机会成本，教育程度越高，照料的机会成本越高，照料者觉得照料影响了他们的就业、社会交往等，照料负担由此加重。此外，除了模型5，老年人的经济状况对照料负担都有着显著的负向影响，即老年人的经济状况越差，照料负担越重。这主要是因为在没有老年人经济支持的情况下，照料者不得不承担大部分的照料成本，照料负担由此加重，但这一结论尚需进一步的验证。

3. 照料情境的调节作用

如表3-2所示，老年人的日常生活活动能力对照料负担有显著的负向影响。然而，这一负向影响可能受到照料情境调节作用的影响。照料情境指的是照料者所处的环境，包括家庭经济状况、其他照料者的数量、照料者的教育程度等。一般说来，家庭经济状况较好和有其他照料者帮助的主要照料者有更多的照料资源，而教育程度较高的主要照料者的照料机会成本更高。因此，处于不同照料情境之中的主要照料者在照料有着同样日常生活活动能力的老年人时，其照料负担不同。在这种情况下，我们将主要照料者的教育程度、家庭经济状况和其他照料者的数量作为调节变量。在调节变量的影响下，老年人的日常生活活动能力对照料负担的影响的估计结果如图3-1所示。

---

① E. Light, et al. (eds.), *Stress Effects on Family Caregivers of Alzheimer's Patients: Research and Interventions*, New York, NY: Springer Publishing Company, 1994.

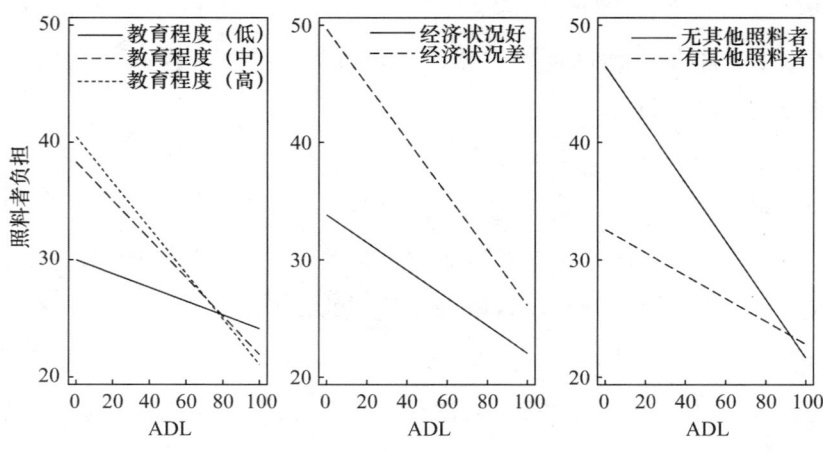

图 3-1 照料情境的调节效应图

注:图的左边估计的是照料者受教育年限对老年人日常生活活动能力与照料负担的关系的调节效应;中间估计的是照料者家庭经济状况的调节效应;右边估计的是其他照料者数量的调节效应。

为了说明教育程度的调节效应,我们把照料者分为 3 组。组 1 完成了不超过 9 年的教育,组 2 完成了 12 年的教育,组 3 完成了不少于 15 年的教育。图 3-1 的左侧面板表明,随着教育程度的提高,老年人的日常生活活动能力与照料负担的估计线性关系变得更有弹性(即估计的直线变得更陡)。显而易见的是,当老年人的日常生活活动能力下降时,照料负担对于完成了不少于 15 年教育的照料者而言是最重的。然而,我们也发现,当老年人的日常生活活动能力较好时,照料负担对于较高教育程度的照料者而言较轻。这一结果可以归因于照料的机会成本。当照料工作非常繁重时,照料的机会成本对于较高教育程度的照料者而言较高。如果这些照料者不需要照料老年人,他们可以挣更多钱,或者实现其他方面的个人发展。所以,他们会比那些较低教育程度的照料者感到照料负担更重。而随着照料工作的减少,对于较高教育程度的照料者而言,照料的机会成本下降,他们不会因为照料老年人而影响个人发展,照料负担由此减轻。

图 3-1 的中间面板表明,无论老年人的日常生活活动能力如何,家庭经济状况较差的照料者的照料负担较重。这一结果并不令人惊讶,因为家庭经济状况越好,照料者就能获得越多的照料资源以减轻照料负担,如雇用住家保姆或钟点工。而对于那些家庭经济状况较差的照料者,他们无法利用有偿服务,照料负担由此较重。

图 3-1 的右侧面板表明,当老年人的日常生活活动能力较好时(即他们需要很少的帮助),有其他照料者支持的照料者与没有其他照料者支持的照料者在照料负担方面差别不大。然而,当老年人的日常生活活动能力下降时,有其他照料者支持的照料者的照料负担明显减轻。这一结果与我们的预期一致。因此,当老年人的日常生活活动能力恶化时,非正式支持的有无对于减轻照料负担至关重要,即我们常说的"搭把手"。

为了证明这三个变量的调节效应,需要进一步控制其他变量的影响。在表 3-2 模型 5 的基础上,通过分别加入不同的交互项,得出模型 6、7 和 8(见表 3-3)。

表 3-3 照料情境调节效应的 OLS 估计结果（N = 505）

变量	模型 6	模型 7	模型 8
老年人日常生活活动能力 × 照料者受教育年限	−0.014** (0.005)		

(续表)

变量	模型6	模型7	模型8
老年人日常生活活动能力 × 照料者家庭经济状况		-0.016** (0.006)	
老年人日常生活活动能力 × 其他照料者数量			0.029* (0.013)
独自照料	3.572* (1.526)	3.390* (1.495)	3.366* (1.493)
不与老年人同住	-2.798 (1.642)	-2.590 (1.667)	-2.622 (1.674)
照料能力	2.484*** (0.720)	2.318** (0.719)	2.297** (0.724)
照料者健康状况	-3.955*** (0.795)	-4.092*** (0.787)	-3.937*** (0.792)
照料者家庭经济状况	1.070*** (0.261)	0.930*** (0.252)	1.058*** (0.257)
偶尔有角色冲突 I	5.785** (1.834)	5.828** (1.843)	6.073** (1.853)
经常有角色冲突 I	7.518** (2.387)	7.722** (2.361)	7.594** (2.366)
偶尔有角色冲突 II	1.578 (1.698)	1.355 (1.680)	1.071 (1.722)
经常有角色冲突 II	5.214 (2.659)	4.949 (2.629)	4.895 (2.629)
出于爱的照料	-5.486** (1.913)	-5.636** (1.862)	-5.482** (1.856)
孝道认同	-0.752 (0.585)	-0.977 (0.602)	-0.973 (0.588)
照料意愿	-1.320** (0.424)	-1.415** (0.438)	-1.418** (0.435)
日常生活活动能力（老年人）	-0.087*** (0.024)	-0.082** (0.025)	-0.093*** (0.025)

(续表)

变量	模型6	模型7	模型8
工具性日常生活活动能力（老年人）	-0.041 (0.142)	-0.078 (0.143)	0.006 (0.141)
夫妻关系	-0.966 (2.051)	-1.264 (2.075)	-1.666 (2.075)
关系质量（照料者角度）	-2.183** (0.740)	-2.094** (0.720)	-2.149** (0.735)
关系质量（老年人角度）	-1.051 (1.144)	-0.769 (1.168)	-0.952 (1.151)
老年人对照料的满意度	0.801 (1.297)	0.763 (1.313)	0.725 (1.331)
其他照料者数量	-1.275* (0.535)	-1.265* (0.511)	-1.406** (0.528)
社区养老服务满意度Ⅰ	-3.384*** (0.842)	-3.360*** (0.843)	-3.454*** (0.860)
社区养老服务满意度Ⅱ	1.251 (0.916)	1.509 (0.930)	1.220 (0.922)
男性照料者	-1.075 (1.280)	-1.091 (1.305)	-1.401 (1.291)
照料者年龄	0.013 (0.081)	0.025 (0.082)	0.038 (0.081)
照料者受教育年限	0.527** (0.176)	0.407* (0.174)	0.421* (0.171)
照料者无伴侣	-0.786 (1.742)	-0.034 (1.822)	-0.370 (1.765)
照料者有宗教信仰	-0.932 (1.955)	-1.141 (1.927)	-1.433 (1.961)
老年人的经济状况	-0.364 (0.788)	-0.780 (0.795)	-0.553 (0.784)
常数项	61.950*** (7.892)	64.615*** (8.015)	65.289*** (7.903)
观察值	505	505	505
判定系数	0.440	0.438	0.434

注：括号内为稳健标准误，*** $p<0.001$，** $p<0.01$，* $p<0.05$（双尾检验）。

表 3-3 显示，三个变量（主要照料者的教育程度、主要照料者的家庭经济状况和其他照料者的数量）都对老年人的日常生活活动能力与照料负担之间的关系有显著影响。换句话说，每一个变量的调节效应都是统计显著的。第一，主要照料者的教育程度与老年人的日常生活活动能力构成的交互项是统计显著的，且方向为负。这意味着老年人的日常生活活动能力对照料负担的负向影响对于教育程度较高的主要照料者的影响较大。第二，主要照料者的家庭经济状况与老年人的日常生活活动能力构成的交互项是统计显著的，且方向为负。这意味着老年人的日常生活活动能力对照料负担的负向影响对于家庭经济状况较差的主要照料者的影响较大。第三，其他照料者的数量与老年人的日常生活活动能力构成的交互项是统计显著的，且方向为正。这意味着老年人的日常生活活动能力对照料负担的负向影响对于其他照料者数量较多的主要照料者的影响较小。三个变量的调节效应均得到验证。

三、结论与建议

作为世界上老龄化程度较高的国家之一，我国应该加强老年人长期照料方面的研究。此项研究阐明了城市老年人家庭照料者的照料负担及其影响因素，为相关法律政策的制定与完善指明了方向。

（一）结论

照料负担的影响因素包括四个维度，即照料者维度、老年人维度、互动维度和社会支持维度。在照料者维度中，我们发现：（1）独自照料老年人的照料者负担更重；（2）经常遭遇角色冲突的照料者比没有角色冲突的照料者的负担更重；（3）出于爱而照料老年人的照料者比出于其他动机而照料老年人的照料者的负担更轻；

(4）照料者的健康状况、家庭经济状况、孝道认同以及照料意愿与照料负担负相关。统计结果表明，在客观变量（如是否独自照料、健康状况、家庭经济状况与角色冲突）之外，主观变量（如照料动机、孝道认同与照料意愿）对照料负担有较大的影响。

在老年人维度中，我们发现日常生活活动能力较差的老年人的照料者其照料负担更重。而在互动维度中，从照料者角度评价的关系质量对照料负担有显著的负面影响。这意味着照料者与老年人有良好的关系有助于减轻照料负担。在社会支持维度中，其他照料者数量的增加与照料者对于社区养老服务较高的满意度有助于照料负担的减轻。

最后，我们发现照料者的教育程度、家庭经济状况和其他照料者的数量都对老年人的日常生活活动能力与照料负担之间的关系有显著的调节效应。在老年人的日常生活活动能力下降时，有较高教育程度的、家庭经济状况较差的、其他照料者较少的照料者的负担会更重。

虽然本研究使用的数据有效分析了影响大多数中国家庭的一个重要问题，但这个数据仍然具有局限性。第一，中国老年人口规模庞大，但本研究的样本规模不是很大且仅仅覆盖了上海地区。第二，数据不能估计照料者花在照料上的平均时间。

（二）建议

在过去的10年中，很多国家特别关注对家庭照料者的支持。为了适应人口老龄化与高龄化的发展趋势，我国的法律政策必须确保在不给家庭照料者带来较大负面影响的前提下，使他们能够持续地提供家庭照料。如果政府既强调给老年人提供持续的优质照料，又不断提高照料者的福祉，家庭照料者就会觉得照料角色的扮演更加安全，而这将有助于他们给老年人创造一个更好的居家养老环境。

基于照料者维度的统计结果，我国政府应该给独自照料老年人的照料者提供支持。除此之外，还应特别关注那些健康状况较差、家庭经济困难、经常遭遇角色冲突、不是出于爱而照料老年人、极不认同孝道以及不愿照料老年人的照料者。

老年人维度的数据分析表明，应该给日常生活活动能力较差的老年人的照料者提供更多的支持。而互动维度的分析表明，应该构建良好的家庭关系，特别是改善照料者与老年人之间的关系。社会支持维度的分析表明，应该扩大老年人的社会交际圈，增加非正式支持，以及征询照料者的建议，以有效地提供高质量的正式社会支持（如社区养老服务等）。

最后，照料情境的调节效应表明，需要给贫穷的照料者以经济支持，给较高教育程度的照料者以专业支持（如心理咨询、照料技能方面的咨询、弹性工作安排或兼职方面的咨询等）。同时也需要大力倡导孝道，以使更多的照料者参与老年人的长期照料。

以上所有的干预方式可以分为三类：一是主要由政府提供的经济支持；二是主要由医护人员提供的医疗支持；三是主要由社会工作者提供的社会服务。相对来说，社会工作者提供的社会服务更为广泛，包括给独自照料老年人、经常遭遇角色冲突、不愿照料老年人、极不认同孝道、不是出于爱而照料老年人、家庭关系不好、缺少其他照料者协助的照料者提供各类社会服务。这些社会服务既可以是被动的咨询，也可以是主动的倡导；既可以是比较常见的个案社会工作，也可以是团体社会工作与社区社会工作。目前，我国老年社会工作还刚刚起步，需要不断学习与借鉴国外的先进经验，以更有效地缓解主要照料者的照料负担。

第二节　城市老年人家庭照料者的照料意愿研究

随着我国老年人口特别是高龄与失能半失能老年人口的增长，在当前家庭赡养功能弱化、社会养老欠发展的情况下，主要家庭照料者的照料负担日益沉重。一般来说，照料压力过大会导致家庭养老的退出、社会养老的介入，然而现实情况却是很多城市老年人仍然在家中养老，由家人照料。除客观原因（包括因家庭经济条件较差而无法入住养老机构、因失能程度较高而被养老机构拒绝、以及因养老机构床位有限而处于等候中、家庭照料者较多、社区养老一定程度的发展等）之外，主观原因即家庭成员的照料意愿也非常重要。也就是说，如果家庭成员愿意照料老年人，哪怕照料负担增大，老年人在家中的长期照料仍然能够持续。反之，如果家庭成员不愿意照料老年人，哪怕政府提出"9073"格局，[①] 即90%由家庭自我照护，7%享受社区居家养老服务，3%享受机构养老服务，也只是理想化的90%，根本无法落实。鉴于既往研究缺乏对家庭成员照料意愿的深入探讨，本书试图了解上海市老年人家庭照料者的照料意愿及其影响因素，以期对全国的相关研究有所启示。

一、照料意愿及其影响因素的相关研究

阿斯克姆（Askham）对1997年世界老年学大会上的一组有关家庭照料者的专题文章作了总结。他注意到，如果照料者不是主动

[①] 《努力打造有上海特色的"大城养老"模式——市社会养老服务体系领导小组第十四次会议暨养老服务工作现场推进会召开》，http://www.mca.gov.cn/article/xw/dfdt/201807/20180700010026.shtml，2019年6月21日访问。

照料者福利：中国社会养老公共政策创新研究

选择而是被迫接受照料角色，那么对被照料者是没有帮助的。[①] 在传统中国社会，受孝道的深刻影响，大多数人对老年人的照料都是主动的。那么，在转型时期的中国社会，随着照料负担的增大、孝道观念的弱化，家庭成员对于老年人的照料意愿是否下降了呢？无论是否下降，什么因素会影响家庭成员的照料意愿呢？探究这个问题，可以使我们预测未来家庭养老的变化，及时采取措施支持家庭养老，以防范老年人长期照料的风险。

（一）照料意愿的相关研究

截至目前，国内外关于家庭成员照料老年人的意愿的直接研究非常少。我国台湾地区学者杜安芳研究了家庭价值对家庭成员照顾老年人意愿的影响，发现家庭价值偏向传统思想的年长男性，认为应由儿子照顾父母，但教育程度越高的受访者或女性，却偏向所有子女都应负起照顾父母的责任；父母亲的健康及收入，子女年龄、婚姻、性别，全家每月收入、教育程度及有无抚养下一代都影响子女照顾父母的意愿。[②] 而大多数研究是从其他角度间接研究照料意愿，例如，夏传玲从实施照料的角度提出老年人日常照料的角色介入模型，其核心是三个规律，即成本命题、邻近命题和责任命题；[③] 李琬予等通过孝道变迁来反映照料意愿，认为孝道观念弱化会导致家庭成员的照料意愿下降，以及尽孝方式的多元化会导致家庭成员不认为送老人去养老院为不孝。[④] 但实施照料与照料意愿不完全等

[①] 王玉龙：《心理需要的满足是个体承担家庭照料的动因》，载《中国社会科学报》2012年7月23日。
[②] 杜安芳：《家庭价值对老年者照顾意愿的影响》，台北大学社会学系2015年硕士学位论文。
[③] 夏传玲：《老年人日常照料的角色介入模型》，载《社会》2007年第3期。
[④] 李琬予、寇彧、李贞：《城市中年子女赡养的孝道行为标准与观念》，载《社会学研究》2014年第3期。

同，有的家庭成员可能是因为没有钱送老人去养老院或没有其他家庭成员照料老人而迫不得已实施照料。而"尽孝道"或者说责任也只是照料意愿的影响因素之一。"责任"（responsibility）不同于"意愿"（willingness），责任的产生常常是因为法律道德的要求，而不完全是发自内心的自愿。而意愿除了受责任的影响之外，还受情感等因素的影响。所以，从总体上描述转型时期家庭成员照料意愿的真实状况十分必要。

（二）照料意愿影响因素的相关研究

既往研究探讨了影响家庭成员自愿照料老年人的因素，笔者将较多提及的影响因素进行分类，归纳为四个维度——照料负担维度、责任与情感维度、主要照料者与被照料者的关系维度、社会支持维度。

1. 照料负担维度

照料负担是指因为照料他们的亲人，照料者感到身心健康、社会生活和经济地位所受到的影响。照料负担可以分为客观照料负担和主观照料负担。客观照料负担是实际存在的，取决于老年人的失能失智程度，一般来说，老年人失能失智程度越高，照料者客观照料负担越重。主观照料负担是照料者对客观照料负担的心理或情绪反应，这通常很难预测，因为主观照料负担除了受客观照料负担的影响之外，还受其他因素的影响（如照料者的健康状况、心理承受力、收入水平、角色冲突等）。所以，客观照料负担较重的照料者其主观照料负担可能较轻，而客观照料负担较轻的照料者其主观照料负担可能较重。

国内外对于照料负担及其影响因素的相关研究比较多，但关于照料负担影响照料意愿的研究很少。一般来说，照料负担越大，照料意愿越低。送老年人去养老机构常常是家庭照料者照料意愿较低的表征。莱维斯克等指出，机构化通常发生在亲人健康状况严重恶化，照料者筋疲力尽时。① 高勒（Joseph E. Gaugler）等也发现，可以证实的是照料者的压力与负担不仅影响了他们自己的健康，而且也导致了被照料者的机构化。② 大多数研究更加关注客观照料负担对于照料意愿的影响。但笔者认为，与客观照料负担相比，主观照料负担能够更为准确地预测照料意愿，因为它更能反映照料者的异质性，如照料者的身心健康、收入水平等。某些研究也表明主观照料负担比客观照料负担在预测家庭照料的崩溃方面更为重要。③ 由此提出**假设1：主要照料者的主观照料负担越重，其照料意愿越弱。**

2. 责任与情感维度

（1）对被照料者的责任

孝道义务规范的主张并不必然转化为实际的照料提供，而是产生提供照料和支持的动力或意向，即照料意愿。莱特（E. Light）等发现，家庭成员最经常表达强烈的愿望和责任感来照料老年家庭成员。例如，在109个农村阿尔茨海默病家庭照料者中，研究者发现，家庭成员提供照料的主要动机包括强烈的道德责任感（100%）、基督教事务（92%）和回报（73%）。④ 受传统孝道的深刻影响，责任

---

① Louise Lévesque, *et al.*, A One-year Follow-up Study of Family Caregivers of Institutionalized Elders with Dementia, 4 *American Journal of Alzheimer's Disease and Other Dementias* 15 (2000), pp. 229-238.

② Joseph E. Gaugler, *et al.*, Caregiving and Institutionalization of Cognitively Impaired Older People: Utilizing Dynamic Predictors of Change, 2 *The Gerontologist* 43 (2003), pp. 219-229.

③ Osamu Matsuda, Reliability and Validity of the Subjective Burden Scale in Family Caregivers Elderly Relatives with Dementia, 2 *International Psychogeriatrics* 11 (1999), pp. 159-170.

④ E. Light, *et al.* (eds.), *Stress Effects on Family Caregivers of Alzheimer's Patients: Research and Interventions*, New York, NY: Springer Publishing Company, 1994.

对转型时期中国家庭成员照料意愿的影响仍然很大，大多数人主动承担照料老年家庭成员的责任，也有少数人害怕孝道舆论的压力而不得不承担照料工作。例如，夏传玲发现，对被照料者的责任感越高，照料者介入的可能性就越大。① 谢桂华发现，孝顺父母的传统价值观依然普遍存在，绝大多数子女在过去的一年都从经济、日常照料和心理等方面给予了父母一定的支持。② 所以，可以提出**假设2：主要照料者对被照料者的责任感越强，其照料意愿越强**。

（2）对被照料者的爱

20世纪80年代，美国心理学家瑞安（Ryan）和德西（Deci）在总结以往研究的基础上提出人类存在着三种基本心理需要，即自主需要（autonomy）、能力需要（competence）和关系需要（relatedness）。其中，关系需要是指人们所具有的渴望与他人交流、联系以及关爱他人的普遍化倾向，是一种归属需要。③ 由于源自爱的照料在一定程度上满足了照料者的基本心理需要（主要是关系需要），因而他们的照料意愿较高。布尔（Margaret J. Bull）与麦克沙恩（Ruth E. McShane）认为，大多数家庭成员提供照料主要是基于爱的表达与对需要帮助的老年人的奉献。④ 拜德（Lea Baider）与苏尔博内（Antorella Surbone）也认为，那些在家照料他们亲人的人经常出于自愿和对被照料者真诚的爱。⑤ 类似的结论存在于很多研究中。但在中

---

① 夏传玲：《老年人日常照料的角色介入模型》，载《社会》2007年第3期。
② 谢桂华：《老人的居住模式与子女的赡养行为》，载《社会》2009年第5期。
③ 王玉龙：《心理需要的满足是个体承担家庭照料的动因》，载《中国社会科学报》2012年7月23日。
④ Margaret J. Bull, Ruth E. McShane, Needs and Supports for Family Caregivers of Chronically Ill Elders, 2 *Home Health Care Management & Practice* 14 (2002), pp. 92-98.
⑤ Lea Baider, Antonella Surbone, Universality of Aging: Family Caregivers for Elderly Cancer Patients, 744 *Frontiers in Psychology* 5 (2014), pp. 1-7.

国语境中,由于情感表达相对委婉,不如责任或回报对照料意愿的影响大,由此相应的研究较少。但我们仍然可以提出**假设3：出于情感照料的主要照料者,相对于非出于情感照料的主要照料者,其照料意愿更强。**

3. 主要照料者与被照料者的关系维度

有研究关注家庭关系对养老的影响,[①] 但没有特别关注主要照料者与被照料者之间的关系,且在测量时只是单向测量,[②] 要么是从老年人角度,要么是从照料者角度。同时,既往研究关于主要照料者与被照料者的关系对照料意愿的影响侧重于关系类型,即主要照料者与被照料者是什么关系,包括配偶、子女、子女的配偶、其他亲属、朋友、邻居等,但对于二者关系的好坏即关系质量对照料意愿的影响则很少考察。默西尔（J. M. Mercier）等研究了87对母女和70对父女,发现他们的关系质量越好,女儿就越觉得有义务给她们的老年父母提供照料。[③] 袁小波认为,积极的家庭关系能够为成年子女照料父母提供强有力的动力来源和精神支持。[④] 姜向群、刘妮娜认为,如果老年人与子女在情感上相对独立,那么更容易选择机构照料。[⑤] 许琪认为,确保子女赡养父母的另一个关键在于建立和维持良

[①] 陈柏峰：《代际关系变动与老年人自杀——对湖北京山农村的实证研究》,载《社会学研究》2009年第4期。

[②] 李琬予、寇彧、李贞：《城市中年子女赡养的孝道行为标准与观念》,载《社会学研究》2014年第3期。

[③] J. M. Mercier, et al., Perceptions of Adult Daughters' of Their Relationships with Their Older Mothers and Fathers, 1 The Gerontological Society of America 51st Annual Meeting 38 (1998).

[④] 袁小波：《长期照料中的家庭关系及其对成年子女照料者的影响》,载《兰州学刊》2013年第1期。

[⑤] 姜向群、刘妮娜：《老年人长期照料模式选择的影响因素研究》,载《人口学刊》2014年第1期。

好的代际关系，并从内部强化子女对父母的感激之情。① 但这些研究都没有将重点放在需要照料的老年人上，而是包括能自理和不能自理的老年人，由此忽略了对照料负担等变量的控制。与出于情感的照料一样，主要照料者与被照料者之间良好的关系有助于主要照料者基本心理需要的满足，由此提出**假设 4：主要照料者与被照料者的关系质量越好，其照料意愿越强。**

劳伦斯（Lawrence）等在研究中发现，照料者和被照料者之间良好的关系质量被认为是一种有效的压力应对资源，可以起到缓和照料者消极体验、增加其积极体验的作用。② 而主观照料负担的减轻，又会在一定程度上增强照料意愿。所以，关系质量对照料意愿的影响既可能是直接影响，也可能是通过主观照料负担这一中介变量而产生的间接影响。这里讨论的是中介作用而不是交互作用，原因在于关系质量对照料意愿的影响并不是随着主观照料负担的改变而改变，而是经由主观照料负担而实现，即关系质量好，则主要照料者的主观照料负担减轻，进而使得其照料意愿增强。同样的道理，主要照料者对被照料者的责任感强，主要照料者出于情感照料，则其主观照料负担可能减轻，进而导致其照料意愿增强。也就是说，主观照料负担是自变量（主要照料者对被照料者的责任感、主要照料者是否出于情感照料以及主要照料者与被照料者的关系质量）与因变量（照料意愿）之间的中介变量。

4. 社会支持维度

社会支持包括家庭内部支持和社会服务支持，在我国家庭内部

---

① 许琪：《扶上马再送一程：父母的帮助及其对子女赡养行为的影响》，载《社会》2017 年第 2 期。
② 王玉龙：《心理需要的满足是个体承担家庭照料的动因》，载《中国社会科学报》2012 年 7 月 23 日。

支持有着悠久的传统,而社会服务支持才刚刚起步,尚不能有效地支持家庭照料。因此,这里只讨论家庭内部支持。

和其他研究者一样,迪尔沃思-安德森(Peggye Dilworth-Anderson)等发现既有个人主义的照料结构也有集体主义的照料结构(包括两个以上的照料者)。然而,约74%的照料结构都是集体主义的,即由两个以上的照料者构成。① 在集体主义照料结构中,通常有一个主要照料者,其照料意愿与其他照料者或家庭成员的支持有一定的相关性,如协助照料、表示肯定与赞赏等,因为他人认可是一种正面的激励,人们通常会实施他人认可的行为。凯(Lenard W. Kaye)与阿普盖特(Jeffrey S. Applegate)发现,高度的照料满意度源自家庭支持与肯定的家庭态度。② 夏传玲也发现,随着潜在照料者数量的增加,该角色(他们分别是配偶、儿子、儿媳、女儿和女婿)介入老年人照料的概率也相应增加。③ 所以,提出**假设5:其他照料者越多,主要照料者的照料意愿越强**。

综上所述,家庭照料者照料意愿的影响因素具体如图3-2所示:

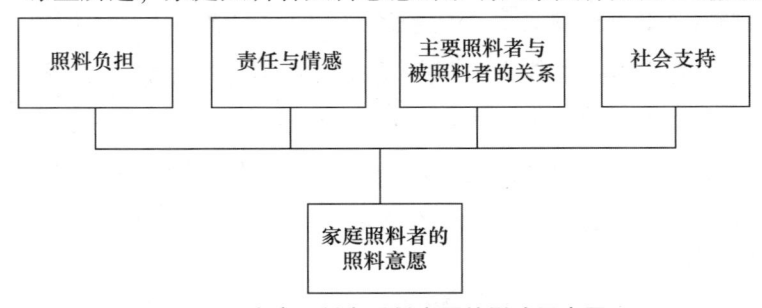

图 3-2　家庭照料者照料意愿的影响因素图

---

① Peggye Dilworth-Anderson, *et al.*, Family Caregiving to Elderly African Americans: Caregiver Types and Structures, 4 *The Journals of Gerontology*: *Social B* 54B (1999), pp. S237-S241.
② Lenard W. Kaye, Jeffery S. Applegate, *Men as Caregivers to the Elderly: Understanding and Aiding Unrecognized Family Support*, Lexington: Lexington Books, 1990.
③ 夏传玲:《老年人日常照料的角色介入模型》,载《社会》2007年第3期。

二、照料意愿及其影响因素的实证考察

本研究的数据来源如前所述（相关变量的描述统计见表3-4）。

（一）变量与测量

1. 因变量

本研究的因变量是照料意愿，对应于问卷中的问题"目前您在多大程度上愿意照料这位老人"，取值范围为0—10。如果主要照料者是主动照料，则得分较高，而如果主要照料者是被动照料，则得分较低。

2. 自变量

（1）照料负担

① 客观照料负担

如前所述，问卷通过日常生活活动能力量表（ADL）来测量老年人的失能程度。日常生活活动能力的取值范围为0—100，为了便于理解，将其转化为客观照料负担，取值范围同样为0—100。得分越高，表明主要照料者的客观照料负担越重。

② 主观照料负担

如前所述，问卷中采用了扎里特教授设计的照料负担量表（ZBI）。该量表有四个维度，包括照料者健康情况、精神状态、经济和社会生活，共22个条目，每道题分值是0—4，取值范围是0—88。得分越高，表明主要照料者的主观照料负担越重。

（2）对被照料者的责任

问卷主要通过孝道认同测量主要照料者对被照料者的责任，即"您对传统孝道的态度是"，一共有5个选项，即"很不认同"（赋值为1）、"不太认同"（赋值为2）、"一般"（赋值为3）、"比较认同"（赋值为4）与"非常认同"（赋值为5）。

(3) 对被照料者的爱

测量出于情感照料的问题是"你照料老年人的首要原因是",一共有8个选项,即"觉得有责任照料他""自己照料可以减轻家庭经济压力""除了我没有人照料他""和他有感情,照料他让我很开心""对他以前付出的回报""对别人照料不放心""怕别人讲自己不孝、没有亲情"以及"其他"。这8个选项可以分为两大类,即"出于爱的照料"(赋值为1)与"非出于爱的照料"(赋值为0)。

(4) 主要照料者与老年人的关系质量

测量主要照料者与老年人的关系质量,既要从照料者角度进行,也要从老年人角度进行。前者的问题是"目前,您和老人之间的关系如何",后者的问题是"目前,您和主要照料者的关系如何",两者均有5个选项,即"很不好"(赋值为1)、"不太好"(赋值为2)、"一般"(赋值为3)、"比较好"(赋值为4)与"非常好"(赋值为5)。

(5) 家庭内部的支持

家庭内部的支持主要通过其他照料者的数量予以反映,即"除了主要照料者之外,还有几个人照顾您"。当然,其他照料者可能包括朋友、邻居等,但考虑到我国社会老年人的照料者主要是家庭成员,因此可以将这一变量视为家庭内部的支持。

3. 控制变量

控制变量包括主要照料者的性别(男性为1,女性为0)、年龄、受教育年限和健康状况,以及主要照料者与被照料者的关系类型(夫妻关系为1,其他关系为0)。一般认为,女性是家庭照料的主要承担者,她们的照料意愿可能比男性更强;年龄偏大的照料者责任心更强,他们的照料意愿由此可能更强;受教育年限较高的照料者其照料的机会成本较高,他们的照料意愿由此可能更弱;健康状况较差的照料者自顾不暇,其照料意愿可能更弱;夫妻由于长期共同生活形成了相互依存状态,由此可能会更加积极主动地照料配偶。

表3-4 相关变量的描述统计(均值/标准差)(N=532)

变量名	取值范围	均值/标准差	变量名	取值范围	均值/标准差
照料意愿	[0—10]	8.55/1.59	关系质量(老年人角度)(很不好=1)	[1—5]	4.18/0.72
客观照料负担	[0—100]	51.18/40.60	其他照料者数量(个)		1.39/1.33
主观照料负担	[0—88]	29.10/17.38	关系类型(夫妻关系=1)	[0—1]	0.35/0.48
孝道认同(很不认同=1)	[1—5]	4.32/1.08	照料者健康状况(非常差=1)	[1—5]	3.08/0.86
是否出于爱的照料(是=1)	[0—1]	0.08/0.27	照料者性别(男=1)	[0—1]	0.42/0.49
关系质量(照料者角度)(很不好=1)	[1—5]	4.11/0.90	照料者年龄(岁)		65.13/12.39
			照料者受教育年限(年)		11.25/3.58

(二)结果分析与讨论

1. 照料意愿的单变量分析

数据分析表明,主要照料者的照料意愿均值为8.55,标准差为1.59,最小值为1,最大值为10。由于照料意愿的取值范围是0—10,我们也可以将其视为定序变量,较低照料意愿(0—6)的主要照料者占总体的9.44%,中等照料意愿(7—8.5)的占35.65%,较高照料意愿(9—10)的占54.91%。[①] 总体看来,上海市老年人主要家庭照料者的照料意愿比较高,但也有一定比例的主要照料者不太愿意照料老年人。

[①] 受传统孝道文化的影响,大部分中国人认可并遵守孝道,所以只有达到9—10才能说是较高的照料意愿。

2. 照料意愿影响因素的 OLS 回归

根据照料意愿的影响因素，本研究构建了五个模型。模型 1 针对维度一——照料负担，模型 2 针对维度二——责任与情感，模型 3 针对维度三——主要照料者与被照料者的关系，模型 4 针对维度四——社会支持，模型 5 是全模型，包括了所有维度（见表3-5）。①

表 3-5 照料意愿影响因素的 OLS 估计结果（N = 532）

变量	模型 1	模型 2	模型 3	模型 4	模型 5
客观照料负担	-0.003				-0.002
	(0.002)				(0.002)
主观照料负担	-0.023***				-0.014***
	(0.005)				(0.005)
孝道认同		0.224***			0.133*
		(0.072)			(0.069)
出于爱的照料		0.679***			0.429*
		(0.228)			(0.222)
关系质量			0.374***		0.287***
（照料者角度）			(0.092)		(0.089)
关系质量			0.288**		0.215*
（老年人角度）			(0.123)		(0.122)
其他照料者数量				0.123**	0.086*
				(0.050)	(0.047)
夫妻关系	0.069	-0.006	0.119	0.181	0.095
	(0.210)	(0.217)	(0.214)	(0.219)	(0.212)
男性照料者	-0.109	0.019	-0.032	-0.055	-0.034
	(0.133)	(0.138)	(0.130)	(0.137)	(0.130)
照料者年龄	0.006	0.007	0.005	0.006	0.003
	(0.010)	(0.010)	(0.010)	(0.010)	(0.010)

---

① 由于序次 logit 分析（将照料意愿作为定序变量）与 OLS 回归（将照料意愿作为连续变量）的结果相似，此处只汇报 OLS 回归的结果。

(续表)

变量	模型1	模型2	模型3	模型4	模型5
照料者受教育年限	-0.002	-0.012	-0.023	-0.019	-0.007
	(0.022)	(0.022)	(0.022)	(0.022)	(0.021)
照料者健康状况	0.026	0.157*	0.114	0.195**	-0.014
	(0.087)	(0.087)	(0.082)	(0.086)	(0.085)
常数项	8.936***	6.689***	5.335***	7.564***	6.160***
	(0.778)	(0.786)	(0.824)	(0.731)	(0.972)
观察值	532	532	532	532	532
判定系数	0.087	0.053	0.102	0.027	0.154

注：括号内为稳健标准误，*** $p<0.01$，** $p<0.05$，* $p<0.1$（双尾检验）。

统计结果表明，所有模型均通过了模型整体检验。模型1表明，在控制其他变量的情况下，客观照料负担对主要照料者照料意愿的影响并不显著，虽然方向为负，即主要照料者的客观照料负担越重，其照料意愿越弱。而在控制其他变量的情况下，主观照料负担对主要照料者照料意愿的影响非常显著，方向为负，即主要照料者的主观照料负担越重，其照料意愿越弱。具体地说，主要照料者的主观照料负担每增长1个单位，其照料意愿下降0.023（$p<0.01$），假设1得到验证。可见，与既往大多数研究的结论不同，是主观照料负担而不是客观照料负担对主要照料者的照料意愿构成了较大影响。

模型2表明，在控制其他变量的情况下，责任（即孝道认同）对主要照料者照料意愿的影响是非常显著的，且方向为正，即主要照料者对被照料者的责任感越强，其照料意愿越强。具体地说，主要照料者的责任感每增长1个单位，其照料意愿上升0.224（$p<0.01$）。而在控制其他变量的情况下，情感对主要照料者照料意愿的影响也是非常显著的，且方向为正，即出于情感照料的主要照料者，相对于非出于情感照料的主要照料者，其照料意愿更强，高出0.679

（p<0.01）。这与既往研究相吻合，即主要照料者的照料意愿受责任与情感的影响，假设2与假设3得到验证。

模型3表明，在控制其他变量的情况下，主要照料者与被照料者的关系质量对主要照料者照料意愿的影响是非常显著的，且方向为正，即主要照料者与被照料者的关系质量越好，其照料意愿越强。具体地说，从主要照料者的角度看，主要照料者与被照料者的关系质量每增长1个单位，其照料意愿上升0.374（p<0.01）；而从被照料者的角度看，主要照料者与被照料者的关系质量每增长1个单位，主要照料者的照料意愿上升0.288（p<0.05）。这与既往研究相吻合，即主要照料者与被照料者的关系越好，其照料意愿越强，假设4得到验证。

模型4表明，在控制其他变量的情况下，家庭内部的支持对主要照料者照料意愿的影响是非常显著的，且方向为正，即其他照料者越多，主要照料者的照料意愿越强。具体地说，其他照料者每增加1个，主要照料者的照料意愿则上升0.123（p<0.05），这与既往研究相吻合，假设5得到验证。

模型5是全模型，在控制其他变量的情况下，主观照料负担、照料者的责任与情感、主要照料者与被照料者的关系质量以及家庭内部的支持仍然对主要照料者的照料意愿有着显著影响，但照料者的责任与情感、关系质量（老年人角度）和家庭内部的支持这四个核心自变量的显著性水平有所下降，仅在0.1的水平上显著。此外，所有的控制变量对照料意愿的影响都不显著，这说明之前的推测因为没有控制关键变量即此处的核心自变量，因而是不准确的。

因此，上海市政府提出的"9073"格局能否实现，除了要了解社区养老服务与机构养老服务的供给水平之外，还要了解家庭成员照料老年人的能力与意愿。相比家庭成员的照料能力，照料意愿在某种程度上更为重要。因为，如果家庭照料者不愿意照料老年人（哪怕有能力照料），"9073"格局也必须进行调整，否则少数老年人将面临无人照料的悲惨境地。而在预测主要照料者的照料意愿方面，本书提及的七个核心自变量［即客观照料负担、主观照料负担、孝道认同、出于爱的照料、关系质量（照料者角度）、关系质量（老年人角度）和其他照料者数量］具有重要价值，其中主观照料负担与关系质量（照料者角度）尤为重要。

3. 主观照料负担的中介效应

本书除了讨论照料意愿的影响因素之外，还尝试进一步讨论主观照料负担的中介效应。既往研究表明主要照料者的孝道认同、是否出于爱的照料、主要照料者与被照料者的关系质量对主观照料负担有显著的影响，[1] 而本书又发现主观照料负担对照料意愿有显著的影响，所以主观照料负担很可能是中介变量，即主要照料者的孝道认同、是否出于爱的照料、主要照料者与被照料者的关系质量对照

---

[1] A. M. Fonseca, D. C. Gonçalves, and S. M. Pereira, Working Family Carers in Portugal: Between the Duty and the Burden of Caring for Old Vulnerable People, 10 *International Journal of Palliative Nursing* 16 (2010), pp. 476-480; Isabella Paoletti, Membership Categories and Time Appraisal in Interviews with Family Caregivers of Disabled Elderly, 4 *Human Studies* 24 (2001), pp. 293-325; Yumiko Momose, *et al.*, A Trial to Support Family Caregivers in Long-Term Care Insurance in Japan: Self-help Groups in Small Communities, 6 *Home Health Care Management and Practice* 15 (2003), pp. 494-499; R. H. Lawrence, *et al.*, Quality of the Caregiver – Care Recipient Relationship: Does It Offset Negative Consequences of Caregiving for Family Caregivers? 1 *Psychology and Ageing* 13 (1998), pp. 150-158; R. Gupta, A Path Model of Elder Caregiver Burden in Indian/Pakistani Families in the United States, 4 *The International Journal of Ageing and Human Development* 51 (2000), pp. 295-313; P. M. S. Antonio, J. K. Eckert, and L. Simon-Rusinowitz, The Importance of Relationship: Elders and Their Paid Family Caregivers in the Arkansas Cash and Counseling Qualitative Study, 1 *The Journal of Applied Gerontology* 25 (2006), pp. 31-48.

料意愿的影响，可能受主观照料负担中介效应的影响。

本书对主观照料负担中介效应的考察主要通过基于结构方程的路径分析（见图3-3）。比较拟合指数（Compared Fit Index，CFI＞0.9表示模型具有较好的拟合度）为1.000，估计误差均方根（Root Mean Square Error of Approximation，RMSEA＜0.1表示模型具有较好的拟合度）为0.000，均显示模型具有较好的拟合度。① 以主观照料负担为中介变量的照料意愿的直接效应、间接效应与总效应如表3-6所示。

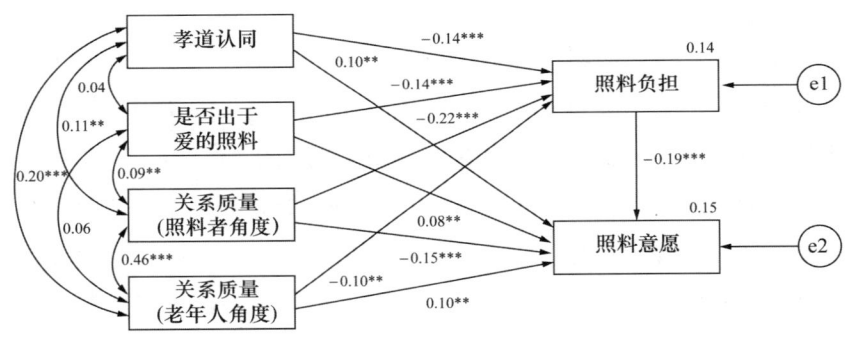

图3-3 模型的路径系数图

表3-6 以主观照料负担为中介变量的照料意愿的直接效应、间接效应与总效应（标准化）

结果变量	决定因素	直接效应	间接效应	总效应
照料意愿	孝道认同	0.149**	0.040***	0.189***
	是否出于爱的照料	0.480**	0.156***	0.636***
	关系质量（照料者角度）	0.268***	0.072***	0.340***
	关系质量（老年人角度）	0.227**	0.039*	0.266***

注：*** p＜0.01，** p＜0.05，* p＜0.1（双尾检验）。

---

① 该模型是恰好识别模型，不用提供卡方统计量。

由图3-3和表3-6可以识别出，孝道认同、是否出于爱的照料、关系质量（照料者角度）、关系质量（老年人角度）对照料意愿的直接效应和间接效应分别是多少。这四个变量对照料意愿既有直接影响，也通过主观照料负担这一中介变量间接影响照料意愿。通过比较总效应我们可以发现，虽然这四个变量对照料意愿的影响都在0.01的水平上显著，但是否出于爱的照料对照料意愿的影响最高，为0.636，其次是关系质量（照料者角度），再次是关系质量（老年人角度），孝道认同的影响最弱。也就是说，与主要照料者的孝道认同相比，是否出于爱的照料以及主要照料者与被照料者的关系质量，更有助于预测与解释主观照料负担的变化，而这又有助于预测与解释照料意愿的变化。这充分说明主要照料者自身基本心理需要的满足，有助于减轻其主观照料负担，进而增强其照料意愿。

比既往研究更进一步的是，基于结构方程的路径分析不仅充分证明了主观照料负担、孝道认同、是否出于爱的照料、主要照料者与被照料者的关系质量对照料意愿的影响，还发现这些自变量处于不同的层次，即与其他四个自变量不同，主观照料负担还发挥了桥梁作用，即孝道认同、是否出于爱的照料、主要照料者与被照料者的关系通过影响主观照料负担，进而影响照料意愿。也就是说，如果个体出于爱的照料、与老年人的关系更好、更加认同孝道，他会因为基本心理需要的满足，或因为符合孝道要求而获得来自内心的认可，从而减轻其主观照料负担，进而增强其照料意愿。所以，为了使家庭照料具有可持续性，要特别关注主要照料者的责任与情感维度、主要照料者与被照料者的关系维度。

三、主要结论与建议

（一）主要结论

上海的配对样本数据表明大多数主要照料者的照料意愿较强。回归分析表明，四个维度均影响主要照料者的照料意愿。在照料负担维度中，主观照料负担越重，则主要照料者的照料意愿越弱，而客观照料负担对照料意愿的影响不显著。在责任与情感维度中，对孝道的认同度越高，则照料意愿越强；出于爱而照料老年人的主要照料者，相对于非出于爱而照料老年人的主要照料者，其照料意愿更强。在主要照料者与被照料者的关系维度中，关系质量越好（无论是照料者角度还是老年人角度），则主要照料者的照料意愿越强。在社会支持维度中，其他照料者越多，则主要照料者的照料意愿越强。

进一步的基于结构方程的路径分析揭示了主观照料负担的中介效应。孝道认同、是否出于爱的照料、关系质量（照料者角度）、关系质量（老年人角度），既直接影响照料意愿，也通过影响主观照料负担进而间接影响照料意愿。

（二）建议

基于经验研究的发现，笔者认为在老年人长期照料方面，法律显然不足以约束人们的意愿。持续照料老年家庭成员（特别是失能老年人）的意愿更多地取决于家庭照料者所得到的支持、和谐的家庭关系、传统孝道的提倡等因素。

1. 发展社会养老以减轻家庭照料者的照料负担

随着人均预期寿命的增长、新增人口的减少，出生率较高的 50

后相继进入老年，中国老龄化不断加深。高龄老年人与失能半失能老年人更需要照料，而这两者的比例都在不断增长。社会养老欠发展使我国仍将在很长一段时间内以家庭养老为主。然而，由于老年人长期照料服务需求的不断增长与家庭照料功能的逐渐弱化，主要家庭照料者不得不承受照料老年人给其各个方面造成的负面影响。家庭养老在中国虽然是主流，但主流并不意味着社会养老的缺位，忽略社会养老对家庭养老的支持。现代化导致的社会转型在东亚国家十分深刻，仍然寄希望于以传统的家庭养老解决不断增长的养老需求是不现实的。相较于韩国和中国，日本更早地认识到这一社会变迁对日本养老模式的影响，提出了"家庭养老向社会养老"转移的口号。中国也应该如此，但受传统文化与综合国力的影响，当前法律政策的重心不是以社会服务替代家庭照料，而是通过发展社会服务以支持家庭照料，使家庭成员愿意且能够照料失能老年人。

　　具体的做法包括两个方面。第一，以全面评估为基础的干预。数据分析表明，主观照料负担能够预测主要照料者的照料意愿，且也有研究建议应该评估照料者的主观照料负担，以更好地理解照料负担的过程和支持照料者。[1] 因此，除了目前已在全国部分地区展开的老年人照护统一需求评估之外，还应该开展照料者评估，可以首先评估主观照料负担，未来还可以评估照料者身心健康状况、家庭经济状况等方面。对于那些主观照料负担较重的照料者，应该加强干预，防止照料者身心健康、职业发展、经济收入、社会交往的恶化，以及由此导致的其他一系列负面后果，如忽视与虐待老年人、过早地送老年人去养老院等。

---

[1] Osamu Matsuda, Reliability and Validity of the Subjective Burden Scale in Family Caregivers Elderly Relatives with Dementia, 2 *International Psychogeriatrics* 11（1999），pp. 159-170.

第二，实施全面而灵活的照料者支持策略。我国家庭照料者在照料负担较大的情况下照料意愿仍然较高，一定程度上是因为社会服务不能充分地满足养老需求。与国外老年人不愿去机构接受短暂的照料导致照料者不能享受喘息服务不同，我国的现实是这方面的服务非常稀缺。我国当下也不存在较大的社会压力（如孝道约束）逼迫照料者自己照料，关键还是社会养老资源稀缺，不能很好地支持家庭照料。因此，未来一定要加大对照料者的支持，如喘息服务、培训与咨询、支持群体、改善照料者的人际关系、灵活的工作安排、经济补偿、对特殊照料者的支持等。

2. 改善家庭关系与提倡传统孝道

和谐的家庭关系（包括配偶关系、子辈与自己父母的关系、子辈与配偶父母的关系等）有助于亲情的培养，满足家庭照料者的基本心理需要，增加其照料的动力并在照料中获得满足感。孝道认同也促使照料者去照料老年人，照料者因为符合孝道要求而获得来自内心的认可，有助于其人格的完整。所以，我们除了尽可能给家庭照料者提供支持以外，还要特别强调改善家庭关系与提倡传统孝道，使其自觉自愿地照料老年人。

长期以来由于社会养老资源的匮乏，照料老年人的职责主要由家庭成员承担。低龄老年人主要依靠自己的配偶和子女及其配偶，而高龄老年人则主要依靠子女及其配偶。可见，为了增强家庭成员的照料意愿，我们应该尽可能改善夫妻关系与亲子关系，如通过社会工作者的介入，了解主要照料者与被照料者之间的关系质量，提供有针对性的专业服务（主要是家庭社会工作方面）；还可以召开家庭会议，促进照料工作在家庭内部的合理分工，以缓解家庭成员之间因照料老年人而产生的矛盾等。

综上所述，在我国转型时期城市家庭照料压力不断加大的情况下，家庭照料仍然能够持续的根本原因在于主要照料者的照料意愿较强。但我们不能因此推测未来家庭成员的照料意愿会一直较强，而应努力完善相关法律政策，采取积极有效的干预措施，使家庭照料者不仅能够而且愿意照料老年人，由此提高老年人及其主要照料者的生活质量。

第四章

我国的照料者福利实践

为了应对老年人长期照料的压力，我国在长期的政策实践中已经有了照料者福利的萌芽。如果以照料者是否直接受益为依据，可以将照料者福利划分为直接的照料者福利与间接的照料者福利。已经在全国试点的长期护理保险制度主要针对失能老人，这对照料负担有着缓解作用，因而可以视为间接的照料者福利。直接的照料者福利目前还比较少且只是在小范围内开展，主要包括喘息服务、培训与咨询以及支持群体。此外，随着失智老人的增加，又逐渐细分出来特殊照料者福利。

第一节　长期护理保险

2016年6月，人力资源社会保障部办公厅发布《指导意见》，提出在全国范围内启动长期护理保险制度试点，计划利用1到2年的时间，探索建立以社会互助共济方式筹集资金，为长期失能人员的基本生活照料和与基本生活密切相关的医疗护理提供资金或服务保障的社会保险制度。这里主要就上海市长期护理保险（以下简称"长护险"）制度的实施现状及存在的问题作简要介绍。

一、上海市长护险的基本概况

2013 年,上海市实施高龄老人医疗护理计划,为上海市长护险制度的建立打下基础。2015 年,上海市民政局、上海市老龄工作委员会办公室发布了《社区居家养老服务规范实施细则(试行)》,开始为经评估后的有照料需求的老年人(患有传染性疾病、精神疾病的老年人除外)提供上门服务和日间照料服务等服务形式。作为全国 15 个首批进行长护险试点的城市①之一,上海市于 2017 年 1 月在徐汇、普陀、金山三个区开展长护险的第一阶段试点,并于 2018 年 1 月实施长护险的全市覆盖。

上海市政府、上海市人力资源和社会保障局、上海市医疗保险办公室于 2017 年 12 月 30 日发布修订后的《上海市长期护理保险试点办法》和《上海市长期护理保险试点办法实施细则(试行)》。上海市长护险由上海市人力资源和社会保障局(市医保办)主管负责,市发展改革委、市民政局、市卫生计生委(以下简称"市卫计委")、市财政局等共同协作推进,其中市医保办、市民政局与市卫计委是最核心的实施部门。

上海市长护险的参保对象是参加城镇职工基本医疗保险的人员("第一类人员")与参加城乡居民基本医疗保险且年满 60 周岁及以上的人员("第二类人员")。与有些城市全覆盖不同,上海市长护险只覆盖部分年龄群体,即 60 周岁及以上的参保人员。在筹资方

---

① 全国 15 个首批进行长护险试点的城市包括河北省承德市、吉林省长春市、黑龙江省齐齐哈尔市、上海市、江苏省南通市和苏州市、浙江省宁波市、安徽省安庆市、江西省上饶市、山东省青岛市、湖北省荆门市、广东省广州市、重庆市、四川省成都市、新疆生产建设兵团石河子市。

面,对第一类人员,按照用人单位缴纳职工医保缴费基数 1% 的比例,从职工医保统筹基金中按季调剂资金,作为长护险筹资。对第二类人员,根据 60 周岁及以上居民医保的参保人员人数,按照略低于第一类人员的人均筹资水平,从居民医保统筹基金中按季调剂资金,作为长护险筹资。

上海市长护险定点护理服务机构为依法成立的具有法人资质、能开展长期护理服务的养老机构、社区养老服务机构以及医疗机构(如护理站等)。按照部门隶属关系,定点护理服务机构又可分为两种,一是属卫计委管辖的定点护理站;二是属民政局管辖的定点服务机构。申请人可选择所属辖区内的任一定点护理服务机构为其提供护理服务。

上海市长护险所提供的服务分为社区居家照护、养老机构照护与住院医疗护理三种形式。提供护理服务的人员为执业护士,或参加养老护理员(医疗照护)、养老护理员、健康照护员等职业培训并考核合格的人员,以及其他符合条件的人员。护理员培训由专业培训学校组织,护理员自行报名,自报名起至考试结束历时约 2 个月,共计 256 课时,其中实习为 96 课时。由上海市社区卫生行业协会统一组织考试并颁发"养老护理(医疗照护)技能水平评价证明"。

在参保人员提出申请后,经老年照护统一需求评估,失能程度达到评估等级 2—6 级且在评估有效期内(最长为 2 年)的参保人员,可以享受长护险待遇(第一类人员还需按照规定,已办理申领基本养老金手续)。社区居家照护依据护理对象的评估等级安排每周上门服务次数,评估等级为 2 级或 3 级的,护理人员每周上门服务 3 次;评估等级为 4 级的,护理人员每周上门服务 5 次;评估等级为 5 级或 6 级的,护理人员每周上门服务 7 次;每次服务时间为 1 小时。

为鼓励社区居家养老，使参保人员选择社区居家照护服务，被评估为 5 级或 6 级的重度失能老人，连续享受 1 个月以上 6 个月以下的服务，可自由选择每月增加 1 小时服务时间或 40 元现金补贴；连续享受 6 个月以上服务的老人，可自由选择每月增加 2 小时服务时间或 80 元现金补贴。

护理内容由护理服务机构派遣专人（一般为护士）上门根据评估等级与护理对象的需求确定，即护理计划因人而异。目前，上海市长护险的服务内容共包含 42 项，其中 27 项为基本生活照料服务，由持证护理员提供；余下 15 项为常用临床护理服务，由执业护士提供。具体服务内容如表 4-1 所示。

表 4-1　长护险服务内容表

服务类别	服务内容		
基本生活照料（27 项）	1. 洗发	2. 面部清洁和梳理	3. 手和足部清洁
	4. 温水擦浴	5. 沐浴	6. 协助进食/水
	7. 口腔清洁	8. 协助更衣	9. 整理床单位
	10. 排泄护理	11. 失禁护理	12. 床上使用便器
	13. 人工取便术	14. 晨间护理	15. 晚间护理
	16. 会阴护理	17. 药物管理	18. 协助翻身叩背排痰
	19. 协助床上移动	20. 借助器具移动	21. 皮肤外用药涂擦
	22. 安全护理	23. 生活自理能力训练	24. 压疮预防护理
	25. 留置尿管护理	26. 人工肛门便袋护理	27. 指/趾甲护理
常用临床护理（15 项）	28. 开塞露/直肠栓剂给药	29. 鼻饲	30. 药物喂服
	31. 物理降温	32. 生命体征监测	33. 吸氧
	34. 灌肠	35. 导尿（女性）	36. 血糖监测
	37. 压疮伤口换药	38. 静脉血标本采集	39. 肌肉注射
	40. 皮下注射	41. 造口护理	42. 经外周静脉置入中心静脉导管（PICC）维护

上海市长护险的资金结算主要由市医保办负责，收费标准根据不同类型的服务人员和服务机构而有所区别。社区居家照护服务的收费主要根据服务人员的类型而定，其中由养老护理员、健康照护员所提供的服务为 40 元/小时；医疗照护员为 65 元/小时；执业护士为 80 元/小时。为体现鼓励社区居家养老的原则，上海试点特别强调社区居家照护的发展。社区居家照护服务费由长护险基金承担 90%，个人自负 10%；而养老机构内的长期护理服务费则根据参保人员在养老机构的实际居住天数计算，由长护险基金支付 85%，个人承担其余 15%。

据公开的最新数据表明，上海市目前共有签约服务定点机构 1052 家，其中医疗机构 125 家，养老机构 633 家，社区养老服务机构 294 家；护理服务人员约 3.8 万人，其中执业护士 0.2 万人，养老护理员约 3 万人，其他持证上岗人员约 0.6 万人。2018 年试点，累计受理申请 36.1 万人，累计完成评估 31.7 万人（其中 2—6 级的 27.6 万人），享受服务 30.1 万人（其中社区居家护理 20.5 万人，养老机构服务 9.6 万人）。[①]

二、上海市长护险的供需匹配评估

供需匹配简单地说就是供给刚好能够满足需求，不多不少。具体到长护险的实施，供需匹配则表现为长护险的制度供给能否满足失能老年人的需求。基于深入访谈（访谈对象包括 5 个管理机构、13 家定点护理服务机构、1 个等级评估机构、1 个护理培训机构与 74 个享受长护险待遇的家庭）与对 B、D 两区 805 名参保老人护理

---

① 陈跃斌：《新时代，新起点，新征程——上海养老服务体系建设再出发》，2019 年第四届全国老年健康社会工作论坛。

计划的分析，调研发现虽然上海市长护险试点由于注重政策的完善、服务内容比较全面且具有一定的针对性、引导参保老年人优先利用社区居家照护、根据评估结果划分失能等级实施分级护理、鼓励社会力量参与长期护理服务、信息管理系统完善与鼓励长期照护商业保险的发展，在一定程度上满足了失能老年人的长期护理需求、缓解了家庭照料者的照料负担，但是由于诸多因素的影响，目前还存在供需不匹配的情况。

（一）宣传与认知的不匹配

1. 大多数老年人及其家属不是经由官方渠道知道长护险

在调研中，我们发现虽然管理方通过各种渠道（传统媒体与新媒体）宣传长护险，但大多数访谈对象（老年人及其家属）表示他们对长护险的获知途径大多源于身边人的"口口相传"，而并非官方的宣传。令人吃惊的是，在老年人及其家属听说长护险后，找街镇、村居委与地段医院的工作人员询问，后者有的也不知道或不太了解长护险。如果长护险的宣传都不能保证基层工作人员对此有充分的了解，他们就不可能在辖区内有效宣传并指导申请，由此部分老年人因为不了解而没有申请，其需求根本无法得到满足。

2. 部分老年人及其家属对长护险的认知存在偏差

上海的长期护理服务以照料失能老年人为目的，其根本不同于家政服务。调研发现许多老年人及其家属在申请时并没有全面了解长护险的概念和内容，仅知道有人上门为其服务，认为服务内容可以是家政服务，或者包括家政服务，而不仅仅是护理服务。这就会导致老年人及其家属对不提供家政服务的护理人员不满意，而定点服务机构为了吸引老年人则会让护理人员适当做点家务，而这又会使老年人及其家属对长护险的认知更加混乱。

(二) 评估等级与实际所需护理不匹配

上海市失能等级评估的主要工具是《上海市老年照护统一需求评估调查表》(以下简称《调查表》),源于2014年上海市老年照护统一需求评估试点,在整合民政、人社、卫计委等部门各自标准的基础上,形成了老年照护统一需求评估标准。《调查表》主要包括诚信声明、居家信息、基本项目、总体状况与疾病信息五个部分。分级维度包括自理能力维度和疾病轻重程度。自理能力维度包含三个方面:日常生活活动能力、工具性日常生活活动能力、认知能力,对应的权重分别为85%、10%、5%。疾病轻重维度主要包括当前老年人群患病率比较高的10种疾病。每种疾病分成局部症状、体征、辅助检查、并发症4个分项,对应的权重分别为30%、30%、30%、10%。评估等级由自理能力和疾病轻重两个维度的得分值决定,分值范围为0—100,分值越高表示所需的照护等级越高。[①] 除了《调查表》,失能老年人的病史病历也是重要的参考信息,另外还有短时间的观察(通常是15—20分钟)以及询问家属(由于评估多发生在工作日,家属在场的情况较少)。

上海市老年照护统一需求评估员按照专业背景,分为A、B两类。其中,A类评估员应具有高中(中专)及以上学历,且具有养老服务、医疗护理、社会工作等(具备其一即可)实际工作经验;B类评估员应具有医学大专及以上学历,且具有执业(含助理执业)医师资质,离岗不得超过2年。[②]

从实际操作情况来看,目前的老年照护统一需求评估主要有三

[①] 《大城养老》编委会编:《大城养老——上海的实践样本》,上海人民出版社2017年版,第182—183页。
[②] 同上书,第185页。

方面的不足之处：第一，评估内容缺乏对心理健康、情绪、行为以及社会参与的关注，由此导致评估结果较为偏重医疗和临床护理。[①] 第二，由于老年人记忆力下降或爱面子等原因，往往未能准确清楚地描述自身患病的情况。第三，评估人员的短时间观察往往不是十分准确的，如长期卧床才能评定为6级，有些老年人虽然可以略微走动，但其他方面的自理能力非常差。失能等级评估的不完善会导致失能老年人的评估等级与实际所需护理之间存在偏差。而当老年人或其家属对评估结果产生异议时，由于参与评估的医务人员（B类评估员）不是评估机构的员工，如果医务人员与评估机构的沟通不太顺畅，错误的评估结果就会难以纠正。失能老年人的评估等级决定了其享受的长期护理服务的时长，若评估等级不准确，失能老年人的长期护理服务需求就不能得到有效满足。

（三）长期护理服务的供给与需求不匹配

1. 服务内容与实际需求不吻合

第一，部分参保老人及其家属实际上没有参与护理计划的制订。

虽然部分参保老人及其家属知道长护险可以为失能老年人提供长期护理服务，但对于具体的服务内容（即42项服务）不太了解。而一些上门制订护理计划的护理员并没有逐项对老年人及其家属进行介绍，她们基本上是根据评估等级为老年人制订护理计划。老年人及其家属在不甚了解的情况下签字确认，然后由护理员根据护理计划提供上门服务。这样就可能导致一些老年人的护理需求没有得到充分的满足，例如，他们可能还需要42项服务中的其他服务，但护理员没有为其勾选。另外，由于对服务内容不太了解，有些老年

[①] 彭希哲：《失能评估与长期照护浅见》，2019年第四届全国老年健康社会工作论坛。

人及其家属会向护理员提出 42 项内容以外的服务需求（如康复需求），而护理员无法提供，从而引发冲突。

第二，不同评估等级的老年人享受的服务基本相同。

B、D 两区 805 名参保老人的护理计划统计显示，2—3 级老年人占比为 34.04%，4 级老年人占比为 18.51%，5—6 级老年人占比为 47.45%。但不同等级老年人的护理计划并没有明显差异，所勾选服务主要集中于基本生活照料服务。其中，占比位于前五的服务项目分别为沐浴（53.79%）、整理床单位（44.97%）、头面部清洁梳理（40.87%）、生活自理能力训练（37.76%）、温水擦浴（31.43%）。常用临床护理服务很少勾选，有的是因为需要吸氧等特殊照顾的老年人更愿意去医院接受治疗，还有的是因为担心肌肉注射、灌肠等服务的风险性大于便利性。当然也有供给方的原因，目前大多数定点护理服务机构的护理员非常少，无法有效提供常用临床护理服务。所以，虽然不同失能等级老年人享受的服务时长有差别，但服务内容的大体相同使得分级护理的特点并没有真正体现出来。

第三，长期护理服务的内容还不完善。

调研发现，虽然与其他试点城市相比，上海市长期护理服务的内容比较广泛，但部分服务内容存在交叉重叠，以及有些失能老年人迫切需要的服务并没有被列入。（1）在 42 项服务中，部分服务内容存在交叉重叠，如晨间护理包含了头面部清洁、协助穿衣、整理床单位等内容，晚间护理则包含了会阴护理、头面部清洁等内容。（2）缺乏预防与康复护理。日本长期护理服务体系的特点之一是重视预防与康复。我国长护险也应将低龄老年人的健康管理与疾病预防纳入保险范围，提前防范老年人失能风险，降低老年人失能护理服务的需求年限。① 对于轻度失能（2—3级）的老年人，如果及时给予康复护理，其中大多数是可以基本恢复到正常状态的，但这两项服务目前还不在42项服务之内。（3）缺乏精神慰藉服务。随着空巢老年人与独居老年人的增多，老年孤独已成为一个备受关注的社会问题。而由于生理健康与心理健康的强相关，也应该给参保老人提供精神慰藉服务，以利于老年人的身心健康。（4）缺乏配药与陪同就医服务。有的参保老人在配药或就医方面存在困难，而其家庭照料者有的因自身身体不好也无法帮助他们，因此特别需要护理员提供配药或陪同就医服务，而不仅仅是上门服务。（5）缺乏短期全托服务。对于有些需要定期去医院治疗而又腿脚不便的老年人来说，长护险定点护理服务机构最好能够提供短期全托服务（每次3—7天）。一方面便于老年人治疗，另一方面可以缓解家庭照料者的压力。（6）缺乏与护理服务相关联的家政服务。有些国家的长期护理服务包括家政服务，如德国等。此次调研也发现，很多参保老人及其家属对家政服务的需求十分强烈，但由于长期护理服务不包括家政服务，因而不能满足老年人这方面的需求。实际上某些家政服务与护理服务很难分开，如给老年人洗澡属于42项服务，而顺带把浴室的水擦干则属于家政服务。笔者认为，这种相关联的家政服务是护理员应该做的，也不费时间，因为如果不把水擦干，可能导致老年人摔倒，由此违背设立长护险的初衷。

2. 服务时间与实际需求不吻合

与大多数试点城市的保障对象限于重度失能人员不同，上海试点涵盖了轻度、中度与重度的参保老人，所以能够借鉴国外经验，

---

① 刘田静：《上海长期护理保险的实践研究》，载《经济研究导刊》2018年第28期。

实施分级护理。如前所述，不同评估等级的参保人员，可以享受不同时长的社区居家照护。虽然这样的分级护理具有合理性，但与老年人的实际需求还不能完全匹配。对参保老人护理计划的分析表明，在勾选占比前五的服务内容中，沐浴、温水擦浴、生活自理能力训练的服务工时均为30—60分钟，头面部清洁梳理的服务工时为10—20分钟，整理床单位的服务工时为15—20分钟。由于沐浴等耗时较长的服务并不需要每日进行，因而不如延长单次时间，减少上门次数。一来护理员可以有充分的时间提高服务质量，而不用东奔西跑把时间耗费在路上；二来也可以使家庭照料者在护理员上门时喘口气，出去办点事（少数家庭照料者因为照料老年人而无法出门）。当然，服务时间也要因人而异，对于空巢老年人与独居老年人，每天上门可以有效降低他们的孤独感。因此，与护理计划的内容需要与参保老人及其家属沟通一样，服务时间也需要与他们沟通，从而最大限度地满足失能老年人的护理需求。

3. 服务人员与实际需求不吻合

第一，护理员的素质参差不齐。

与整个护理行业的从业人员一样，长护险护理员的素质总体不高。这一方面是因为护理员的收入较低且职业地位不高，所以目前市场上的护理员大多都是年龄偏大、文化程度偏低、业务能力不高的人。这些人虽然被要求参与培训并取得资格证后才能上岗，但是由于综合素质不高，他们在实际工作中的专业瓶颈依然存在。以A区为例，大多数护理员之前都是家政服务人员，文化程度低、缺少专业知识，导致参保老人及其家属不能完全信任其护理服务。

另一方面与护理员的培训考试有关。医疗照护证的考试内容分为理论部分和实操部分，其中实操部分包括轮椅转移老人、卧床更换床单、测量血压、测量体温、便器使用、床上擦浴、更换纸尿裤等七项内容，考试时抽取其中两项进行现场操作。由此可见，当前医疗照护证的考试内容与长护险所提供的基本生活照料服务存在脱节现象，老年人需求最多的沐浴、生活自理能力训练等服务内容未被纳入考核范围中，导致护理员在实际服务中还是依据个人经验为老年人提供服务，专业性不足。此外，护理员在学习相关护理内容时缺乏统一教材，容易造成不同培训机构所培训的护理员在专业水平上存在差异。

第二，护理员流动性大。

与养老院的护理员因薪资低工作压力大导致流动性大一样，长护险护理员的流动性也很大。长护险护理员多为40—50岁的外来务工人员，从事护理员工作以赚钱为目的。而同一辖区内或同一护理站内的护理员多为熟人，因而薪资方面的信息较其他行业更加透明，人往高处走，护理员为获得更高的收入不停地在护理站之间流转。在春节等法定节假日前后，由于不能兼顾回老家与护理工作，护理员的离职情况比较严重。此外，护理员每人每天约服务8个老人，重度老人周末及节假日也需上门服务，工作压力较大，且护理员表示周末及节假日上门服务并未得到双倍工资。薪酬不高且工作压力大，导致护理员行业内与行业间的职业流动频繁。

综上所述，从间接的照料者福利来看，主要针对失能老年人的长护险制度对家庭照料者的照料负担有着缓解作用，但由于实施过程中供需失衡的存在，且问题的症结主要在供给方，未来亟须加强供给侧的改革。

第二节 喘息服务

喘息服务是家庭照料者非常需要的一种支持，通过给他们一段可以自由支配的时间（或长或短），以减轻他们的照料负担。根据服务地点与服务方式的不同，喘息服务可以分为居家喘息服务、日间照料服务与机构喘息服务。

我国对于喘息服务的研究起步较晚，目前喘息服务主要应用于失能老年人家庭，即由政府或民间机构为主体，成立专门的队伍，为老年人提供临时的照顾服务，或是请专业人员去家中照料，或是把老年人接到养老院照看。[①] 毛智慧等的研究表明，实施"喘息服务"干预后，失能老年人的生活质量有所提高，尤其是社会功能、生命活力和心理健康3个维度；照料者的生活质量也有所提高，尤其是生命活力、社会功能和心理健康3个维度。同时，也减轻了照料者的个人负担及责任负担。她们还发现，无论是居家喘息服务（周一至周五每天6个小时的专业照护人员上门照护）还是机构喘息服务（老年人周末两天入住机构接受专业照护）都能够有效地减轻照料者的负担。[②]

目前，杭州、上海、南京、北京等城市已纷纷开展喘息服务的试点工作。2011年，杭州市西湖区在全国率先试水"喘息服务"，采用政府购买方式，为长期卧病在床的失能老年人提供临时性替代护理服务。据西湖区留下街道民政科的工作人员介绍，该街道已推

[①] 《杭州养老"喘息服务"好》，载《领导决策信息》2014年第42期。
[②] 毛智慧、李魏、孙晓婷：《"喘息服务"对失能老人及其照护者生活质量和照护负担的影响》，载《护理研究》2018年第19期。

出"机构喘息服务",即在西湖区社会福利中心,享受喘息服务的老年人可以得到高水平的护理,还能做康复性治疗,每日菜单也是营养师专门设计的。一个月3600元的护理费,则全部由街道承担。如果老年人不愿去机构接受喘息服务,可以把喘息服务请进家来,从而获得"居家喘息服务"。家住杭州古荡街道古北社区的老人陈某,老伴骆大伯中风了,躺在床上,生活不能自理。因为行动不便,骆大伯不愿去福利中心。古荡街道就把喘息服务送上门,由金夕养老服务中心派助老员照顾骆大伯。每周3次,每次两个小时,这样陈某一周就有6个小时的自由活动时间。"虽然只有6个小时,但我终于可以好好喘口气了。"陈某如释重负。涂骁玲对杭州市西湖区居家喘息服务的利用情况进行了调查,结果显示,杭州市居家喘息服务以社区为主导,84%的利用者因社区宣传而知晓服务;服务的利用率(92.1%)较高;服务内容以家政、生活照料为主;每周服务利用时间多为16小时。①

上海市2012年开始了喘息服务的试点。2017年10月,集"生活照料、医疗康复、文化娱乐、安全保障、精神慰藉"等各项为老服务功能为一体的静安区南京西路街道综合为老服务中心正式投入运行。中心三层设置了"长者照护之家",内设8个房间20张服务床位,满足部分老年人寄宿、寄养、康复、护理等服务需求,为老年人家属提供喘息式助老服务。②

2016年,南京市有养老机构尝试性推出包括喘息服务在内的

---

① 涂骁玲:《居家式喘息服务的利用分析及对策研究——以杭州市西湖区为例》,杭州师范大学2015年硕士学位论文。
② 宋宁华:《老人有临时之家 家属享喘息服务》,http://xmwb.xinmin.cn/html/2017-10/27/content_8_1.htm,2019年7月24日访问。

"短期寄养"服务,与遍布社区的居家养老服务点结合,为居家养老提供专业服务和支撑,覆盖从自理老年人到重度失能失智老年人全人群,可提供照护预防、居家安养、日间照料、短期寄养、喘息服务、长期托养等全梯度服务,发挥家门口养老院的养老枢纽站作用。① 为了让长期照顾重度失能老年人的家属得到"喘息",南京市2018年推出"喘息服务"制度,通过政府购买机构或居家养老服务的方式,为重度失能老年人每年免费提供15天的"全托"服务。南京市民杨大爷几年前患上阿尔茨海默病,老伴汤大妈身体也不好,为了照料失智的杨大爷,她身心俱疲。汤大妈申请了喘息服务后,将老伴送到专业的养老机构托管15天,老伴受到了更专业的照护,自己也能暂时喘口气。从2018年8月"喘息服务"在南京街镇、社区试点以来,已有600多位老年人享受了服务,成熟后将逐步推广。②

2018年11月初,北京市民政局发布《关于加强老年人照顾服务完善养老体系的实施意见》提出,"通过购买服务方式,由养老照料中心、社区养老服务驿站为老年人提供短期托养服务,为其照护者提供休整机会"。不久,北京市丰台区老龄办贴出公告,试点开展失能、失智老年人居家照顾者喘息服务。丰台区此次公告的试点方案为,一个月服务4天、试点服务期为6个月,可分散或集中享受服务,服务总天数不超过24天。机构照护服务费用为每人每天220元,预计服务1200人。居家照护服务费用为每人每天180元,预计服务300人以上,费用由区民政局老龄办与第三方机构直接结算。

---

① 陈际华、卞海琴:《社会支持理论下喘息服务介入失能老人家庭照顾问题研究》,载《经济研究导刊》2018年第7期。
② 《"急诊救助"模式、喘息服务……创新现代民政建设 江苏发展有"温度"》,https://baijiahao.baidu.com/s?id=1624049760111628699&wfr=spider&for=pc,2019年7月11日访问。

公告称，将由"华录健康养老发展有限公司"对喘息服务申请人进行电话资格审核和上门评估工作。依据评估审核结果，整合调度区域内养老机构、护理机构、养老服务企业等社会各方资源，为符合条件的申请人推荐就近服务。①

纵观各地喘息服务的探索实践，门槛越来越低，受益面越来越大。前些年，一些地方规定申请喘息服务的必须是经济困难的重度失能老年人家庭，对于照料者的范围也有严格限定。如今以北京市丰台区为例，凡是具有北京市户籍且常住丰台区的60周岁及以上老年人家庭，由子女、伴侣、亲戚、保姆长期照顾失能、失智老年人的，均可申请。这些变化折射出各地政府对于养老问题的重视程度和投入力度不断加大，更大限度增进了民生福祉。② 已经试行喘息服务的城市的经验表明，建立好老年人家庭档案与健康档案，对申请服务家庭进行经济状况的综合评估，给喘息服务一个正确的定位，才能让公益效果最大化。③ 但由于喘息服务在中国开展的时间还不到10年，在很多方面还有待完善。涂骁玲从服务内容、服务时间、服务提供者、服务质量、减轻负担程度和改善健康程度等六个方面对203位杭州市西湖区家庭照顾者的居家喘息服务满意度进行调查，统计分析发现服务时间不足、内容单一、质量不高是影响满意度的主要因素。由于居家喘息服务在杭州处于起步阶段，服务时间较为固定，服务内容多以生活照料为主，正式服务人员的培训工作不够到

---

① 崔红：《"喘息服务"政府买单：照顾失能老人每月可休4天》，载《北京晨报》2018年11月27日。
② 张淳艺：《"喘息服务"政府埋单体现民生关怀》，载《中国人口报》2018年12月5日第3版。
③ 王森：《"喘息服务"要让最需要的家庭先透口气》，载《深圳特区报》2018年11月28日第A2版。

位等因素，目前尚无法对其实际效果作出客观评价。① 此外，也有学者通过分析杭州的实践，指出目前的喘息服务存在缺乏政策指导、财政压力大、机构喘息床位不足、护理人员短缺等问题。②

在国内，目前尚无专门针对喘息服务的政策性文件，但是全国多省市出台的居家养老服务条例或标准在一定程度上促进了居家喘息服务的开展。例如，杭州市出台的《杭州市社区（村）居家养老服务标准（试行）》明确提出，符合一定条件的老年人经向其户籍所在的城区提出申请并经综合评估后，可确认为政府全额购买或部分购买服务的对象。此外，有服务需求、自愿自费购买服务的老年人，也可向社区（村）居家养老服务工作站提出服务申请，由服务机构指派助老服务员提供有偿或低偿服务。《苏州市居家养老服务条例》指出，满足不同条件的苏州市户籍老年人，可享受政府援助的不同时长的免费生活照料服务。可见，国内相关政策虽未明确提及喘息服务，但倾向于将居家喘息服务纳入居家养老体系中，这对居家喘息服务的开展具有一定的促进作用。③

需要说明的是，目前国内的日间照料还不能算是喘息服务，因为它的服务对象基本上是能够自理的老年人，至少是能够自己走到日间照料中心的老年人。同时，日间照料中心提供的服务也比较简单，除了手指操，其他主要是午餐、娱乐、休息等生活服务，主要目的是给老年人提供社交的场所，缓解其孤独感。由于能够自

---

① 涂骁玲：《居家式喘息服务的利用分析及对策研究——以杭州市西湖区为例》，杭州师范大学2015年硕士学位论文。
② 陈际华、卞海琴：《社会支持理论下喘息服务介入失能老人家庭照顾问题研究》，载《经济研究导刊》2018年第7期。
③ 白文辉、丁金锋、唐四元：《居家喘息服务研究进展》，载《解放军护理杂志》2017年第5期。

理，这些老年人实际上并没有家庭照料者，自然也谈不上喘息服务。

第三节 培训与咨询

高品质的照料需要照料者拥有专业的照料知识和技能以及健康的心态。目前，大多数家庭照料者缺乏专业的照料知识与技能，以至于一方面失能老年人得不到专业的照料，另一方面照料者自身也是身心俱疲，二者的生活质量都得不到保证。家住上海市静安寺街道三义坊居民区的老王说："我的母亲100岁了，我和我的爱人自从江西退休回到上海，就一直贴身照顾母亲，到现在已经18年了。母亲随着年岁的增长，经历了从原来能自理、半自理，到现在完全不能自理的全过程。95岁那年，因为长期卧床经常肺部感染、尿路感染，还得褥疮，一感染发热就送医院，住院期间还需陪夜，为了保证老人的营养，还得自己在家烧好饭菜给老人送过去。实在是筋疲力尽，吃不消，但又能怎么办呢？只能和爱人咬咬牙，一起撑下去。"[①] 针对这种现状，国内有些城市已经开展了针对家庭照料者的培训与咨询，主要包括生活护理、安全护理、康复锻炼、心理护理以及照料者自身的心理减压等内容。

一、培训

（一）《银龄宝典》

《银龄宝典》是上海市民政局、上海市教育委员会、上海市残

---

① 《大城养老》编委会编：《大城养老——上海的实践样本》，上海人民出版社2017年版，第108页。

联,与上海教育电视台为支持家庭养老,联手打造的全国首档老年居家康复护理节目,于 2015 年 10 月 21 日(重阳节)在上海教育电视台播出。《银龄宝典》节目一周一个主题、一天一个话题,以老年人及其家庭成员为服务对象,传递现代康复护理的科学理念,普及康复护理的基础知识,演示居家护理的基本技能,让观众"学得会、看得懂、用得上"。① 显然,这个节目有利于家庭照料者学习照料知识和技能,更好地照料老年亲属。

(二)失能老年人家庭照料者培训

2013 年 8 月,前文提及的上海市静安寺街道三义坊居民区居民老王参加了由上海市老年学学会、静安寺居家养老服务中心等主办的"居家高龄失能老人照护"家属科普学习班。来自华东医院的主任、专家为 30 多名和老王有着同样困扰的高龄老人家属讲授了高血压、脑卒中等疾病愈后的护理知识,护士长教会了他们如何为老人翻身、洗头、喂食以及使用辅具。一年后,在结业典礼上,老王作为家属代表上台发言:"我从这里学到了专业的初级康复护理知识和技巧,解决了居家养老护理'最后一公里'的问题。从此之后,我妈没有发过热,没有发生褥疮,没有肺部感染,受益匪浅。"②

静安寺街道的"居家高龄失能老人照护"家属科普学习班就是后来上海推广的"护老者培训"的雏形。2014 年下半年,上海在部分区县和街镇启动针对失能失智老年人家属"护老者培训"项目试点,由专业人士来指导老年人的子女、保姆等家庭照料者掌握基本的护理知识与操作,2015 年试点全面推广。

---

① 《大城养老》编委会编:《大城养老——上海的实践样本》,上海人民出版社 2017 年版,第 114 页。
② 同上书,第 108 页。

"护老者培训"项目,旨在通过专业社会组织为失能老年人的家庭照料者开展相关培训,使其在照护理论和技能上获得一定的专业指导,从而提升自行照护失能老年人的能力。具体采用集中教学和个体辅导等形式,对失能老年人的家庭照料者开展生活护理、心理护理、照护者心理减压等多方面的培训。同时,上海市老龄办编制了教材《失能老人家庭照护必读》,规范项目的实施。2014—2016年,上海16个区、113个街镇参与了该项目;24家社会组织承接服务,为2.26万名失能老年人的家庭照料者开展了培训。①

2014年项目周期内,共有16个区、41个试点街镇参与了失能老年人家庭照料者培训项目。经统一招投标,共有14家社会组织承接该项目,通过集中培训、发放培训资料和个体入户指导等形式,对8200名失能老年人家庭照料者开展了培训。2015年项目周期内,共有13个区县、43个试点街镇参与了失能老年人家庭照料者培训项目。经统一招投标,共有19家社会组织承接该项目,通过集中培训、发放培训资料和个体入户指导等形式,对8600名失能老年人家庭照料者开展了培训。② 2016年,上海市民政局(老龄办)开展失能老年人家庭照料者培训项目试点工作。培训时间为2016年10月到2017年7月,计划培训学员5800人。培训采用集中教学与个体辅导(即入户指导)相结合的形式,对失能老年人家庭照料者开展健康评估、生活护理、饮食护理、睡眠护理、用药护理、突发疾病与意外伤害护理、认知功能障碍护理、心理护理、照料者心理减压、

---

① 《大城养老》编委会编:《大城养老——上海的实践样本》,上海人民出版社2017年版,第113—114页。
② 《失能老人家庭照料者培训项目》,http://www.shweilao.cn/fwxm/1441.jhtml,2019年7月19日访问。

家庭护理记录等内容的培训课程。每个试点街镇集中培训人数为200人，原则上按10个班、每班20人的办班要求开展集中教学，同时按照集中教学人数的5%开展个体辅导，即每个试点街镇开展10户个体辅导。按每班10次、每次1.5学时合理安排集中教学，理论课程与实操课程的学时一般按1∶2的比例安排；个体辅导按每户5次、每次1学时开展。培训教材以全市统一教材《失能老人家庭照料必读》为主，指导手册等其他培训资料为辅。同时，还给培训对象发放居家照料护理包，包括放大镜、指甲钳、分药盒、体温计等。该培训项目的市级经费包括区民政局（老龄办）绩效评估经费及试点街镇项目实施经费，由市福利彩票公益金资助。其中，区民政局（老龄办）绩效评估经费按6500元/街镇的标准予以预拨，试点街镇项目实施经费按90355元/街镇的标准予以预拨。该项目在上海的13区29个试点街镇开展，市级拨付经费2679050元。[1]

为进一步贯彻落实《上海市老年人权益保障条例》《国务院办公厅关于制定和实施老年人照顾服务项目的意见》《上海市老龄事业发展十三五规划》等有关要求，充分发挥家庭养老的基础性作用，增强家庭照护的能力与意愿，进一步发展社区非正式照料体系，上海市2018年选择部分区及街道开展"老吾老计划"试点工作。本次试点的项目名称为"老吾老计划——家庭照护能力提升项目"。该项目主要依托社区养老服务设施和机构，以实训式的"集中教学"和"个体辅导"等方式，为失能老年人的家庭照护提供支持性服务，缓解居家照护的服务压力。在开展社区动员、宣传和筛查的基础上，

---

[1]《市民政局关于继续开展"老年宜居社区"市级配送项目试点工作的通知》，http://www.shanghai.gov.cn/nw2/nw2314/nw2319/nw12344/u26aw50101.html，2019年7月20日访问。

主要完成以下任务：（1）以照护服务为核心内容，开展"家庭照护实务训练"，为社区轻度失能老年人及其家属提供家庭照护辅导，实训对象不少于100人。（2）以健康养护为核心内容，开展"自我预防照护指导"，以社区潜在的被照护对象为主体开展照护实训，服务不少于20人；针对困难家庭提供居家照护指导不少于10人。①

在这些培训项目中，专业社会组织发挥了积极作用。上海夕悦老年颐养服务中心在长宁区虹桥街道领导的支持下，通过集中培训、发放培训资料和个体辅导相结合的方式，对失能老年人家庭照料者进行老年人生活护理、心理护理、安全护理以及照料者自身的心理减压等多方面的培训，旨在依据失能老年人家庭现状，为失能老年人的家庭照料者提供社会帮助，填补照料者能力培养方面的空白。尤其值得一提的是，针对长期家庭照料的提供者遇到的一系列心理问题，夕悦邀请了资深心理咨询师上门进行一对一的指导，缓和了长期与生活不能自理老年人的紧密接触给照料者心理上造成的负面影响。②

总体上说，上海市的培训项目取得了良好效果，使家庭照料者的照料知识与技能得到了很大的提高。上海的实践开拓了一个公共服务支持家庭照料的新领域，为全国相关工作的开展奠定了良好的基础。但据笔者在某个区的调查显示，该项目也存在需求摸底不扎实（如有些家庭照料者有需求但因为照料失能老年人而无法出门参加培训）、培训对象参与度不够（如只是为了拿护理包而没有用心听

---

① 《关于开展"老吾老计划"第一批试点工作的通知》，http://mzj.sh.gov.cn/gb/shmzj/node8/node194/u1ai45565.html，2019年7月20日访问。
② 《悦活动·虹桥街道失能老人家庭照料者培训》，http://www.sohu.com/a/148566298_99903815，2019年7月21日访问。

课)、某些不是培训对象的人滥竽充数等问题。

除上海以外,其他地方也开始倡导家庭照料者的培训。2015年1月25日,浙江省第十二届人民代表大会第三次会议通过《浙江省社会养老服务促进条例》,其中第10条规定,县级以上人民政府应当建立健全家庭养老支持政策,为老年人随配偶或者赡养人迁徙提供条件,倡导家庭成员与老年人共同生活或者就近居住,并通过组织开展免费培训等形式,向家庭成员普及照料失能、失智等老年人的护理知识和技能。

二、咨询

上海市2018年启动了社区"养老顾问"的试点工作,首批68家社区"养老顾问"点正式试点运行,接受群众咨询。社区养老顾问是为市民,特别是老年人寻找养老服务提供支撑的一项便民服务工作,首批试点服务点都设在街镇综合为老服务中心内,依托现有工作力量以及街镇其他养老工作管理人员,提供养老服务资源介绍、养老政策指导等服务。社区养老顾问的服务分为基本服务和拓展服务两类。其中,基本服务主要为老年人提供养老服务资源介绍,包括辖区内养老机构、社区托养机构等各类养老设施以及各类居家养老服务项目等信息;提供养老政策指导,包括养老服务补贴、长期护理保险等基本公共政策的指导和办事指南。拓展服务包括开发和推介适合不同老年人特点的养老服务清单,提供家庭养老支持,组建顾问团队定期或不定期地到社区做巡回宣介等。总之,社区养老顾问就是利用各类社会服务设施、机构和人员等资源,为市民特别是老年人寻找养老服务提供支撑,让养老顾问帮助老年人分析自己需要什么样的服务,到哪里去找到合适、匹配的服务,使养老供需信息对称、养老资源分配优化。① 笔者曾拜访设立在某街道社区活动中心的社区养老顾问办公室，养老顾问介绍了她的日常工作主要是帮助前来咨询的老年人及其家庭照料者了解其可以利用的社区养老资源，并帮助其链接所需的社区养老资源，以实现社区养老资源的供需匹配。

除了养老顾问点之外，根据养老顾问工作计划，上海市民政局还研发了线上"养老顾问"，即智能养老顾问平台，为顾问点提供信息化支持。"智能养老顾问"重点解决养老服务中的信息不对称问题，即广大老年人对养老政策不熟悉、养老资源不知道、养老服务难获得等问题。"智能养老顾问"运用大数据平台和智能化分析推荐技术，老年人可根据自身身体状况，并参考经济状况等信息，依托信息化平台，采取自主查询、智能向导服务等方式获取服务建议，包括老年人基本信息描述、享受政策补贴情况，以及养老服务类型及机构建议。由此，各养老顾问点的养老顾问人员可依托信息化平台向老年人提供更专业的养老顾问服务。

上海的社区养老顾问无疑是一个政策创新，但主要是针对老年人的咨询，即便是家庭照料者前来咨询，最后仍然落脚在老年人身上。目前，专门针对家庭照料者的比较全面的咨询还比较少。而从全国的情况来看，针对老年人的咨询也比较少。家庭照料者一般只能在陪同老年人看病时询问医生或护士，或者从其他照料者那里了解一些信息。这样就导致一些老年人没有得到及时有效的照料，延误了治疗的最佳时机。如一位医生表示，如果没有药物干预和认知训练，一般的阿尔茨海默病患者在 3 到 5 年内就不认识家人了。失

---

① 《上海 68 家社区"养老顾问"点今天起正式试点运行》，http：//www.yanglaocn.com/shtml/20180502/1525245738114646.html，2019 年 7 月 21 日访问。

智症存在着认知度和社会接纳度"双低"的问题,失智症家庭肩负着经济和精神双重负担。所以,未来除了大力发展针对老年人的咨询之外,还应有专门针对家庭照料者的照料知识与技能咨询、心理咨询、照料者福利政策咨询等,因为照料者作为独立的个体,也应享有各种权利。

第四节 支持群体

刘婕与楼玮群指出,可以组建照料者互助小组,搭建亲属照料者抒发情感、分享技能、获取资源的平台。照料者可自由地或者在社区医生或心理教师等专业人员的引导下组成互助小组。小组的成员可采取定时定点的见面方式,也可通过网络平台形成虚拟互助。互助小组为照料者提供一个抒发情感、与其他照料者分享照顾护理的经验、舒缓焦虑不安、传递友谊、获得技能上提升和心理上认同的途径,由此可以搭建照料者获取社会资源的新平台。[①] 他们所说的照料者互助小组实际上就是支持群体。在我国老年人长期照料领域,支持群体的发展还比较滞后,目前只有非常少的不完整的实践。此处主要介绍上海浦东新区乐耆社工服务社的关爱护老使者项目。

一、项目背景

2011年,上海大学社会学系对黄浦区外滩街道8个居委会的240个失能失智老年人的照料者进行了调查。结果显示,54.4%的照料者与被照料老年人同房同住,46.4%的照料者平均每天花10个小

---

① 刘婕、楼玮群:《完善上海居家高龄失能老人亲属照料者的社会支持系统》,载《华东师范大学学报(哲学社会科学版)》2012年第1期。

时或以上去照顾老年人，49%的照料者照顾老年人超过5年。长期、单调的照料行为对照料者明显产生了不良的影响：47.3%的照料者感觉身体不如以前，经常感觉体力透支；50.6%的照料者社交生活明显减少，甚至没有空闲时间与亲戚朋友联系；26.2%的照料者自认在照顾老年人后脾气变得烦躁了；而根据抑郁自评量表，有62%的照料者处于中、重度抑郁状态。[①]

可见，长期照顾失能失智老年人的家庭护老者面临的压力不仅来源于沉重的体力、经济付出，更来源于无力改善身体状况日益衰退的老年人，心理产生极度失望、悲观的情绪。同时，家庭护老者的工作比较烦琐，可能会对其自己的家庭照料造成影响，家庭护老者可能为了照顾好老年人，而忽略了自己的家庭，在心理上存在愧疚感，无法及时地调节好自己的情绪。此外，家庭护老者有时是老年人唯一能够倾诉的对象，因此他们常常会被来自老年人及自己家庭的矛盾所困扰，情绪十分压抑，无法宣泄。

关爱护老使者项目的受益人群是金杨街道需要长期照顾失能老年人的家庭护老者，以及金杨街道与金桥镇居家养老服务社的工作人员（包括关爱员与护理员）。通过邀请专家定期在老年服务中心或居委举办各类培训讲座，增加护老者的专业护理知识，提升他们照料老年人的专业技能；举办护老者互助沙龙，对于一些长期处于抑郁状态的护老者开展个案工作，定期跟踪，尽力改善护老者的生活状况，提升其生活质量。同时，通过整合金杨街道与金桥镇为老服务社区资源，制作护老实用手册，增强护老者的护理技能，并且提升社区助老护老新氛围。

---

① 《大城养老》编委会编：《大城养老——上海的实践样本》，上海人民出版社2017年版，第109页。

二、项目实施情况及成效

1. 前期调研与项目宣传

（1）走访居委，向居委计生干部了解社区中护老者家庭的户数及家庭概况。设计家庭护老者需求调研问卷。同时，走访金杨街道与金桥镇居家养老服务社，了解护理员工作的基本情况，设计护理员需求问卷。

（2）召开项目相关方见面会，向居委计生干部、志愿者及服务对象进行项目介绍，并与护老者家庭协商，制订调研走访计划。

（3）制作项目宣传折页，通过叙述项目概况，简单介绍项目的服务目标与服务人群，详细介绍项目的服务内容，以及社区为老服务资源，使服务对象从多方面了解本项目，加强宣传力度。累计发放宣传折页 200 余张。

（4）走访金杨街道护老者家庭，进行需求问卷调研，了解与把握护老者家庭的生活现状及需求情况。对金杨街道与金桥镇居家养老服务社的护理员进行问卷调研，从身、心、灵等方面了解护理员的日常工作情况、个人家庭情况及其需求情况。累计发放调研问卷 45 份，并结合社区的调研情况，形成项目调研报告。

2. 专业技术培训坊

（1）邀请专业护理老师为护老者（家庭护老者与护理员）、志愿者及各居委的计生干部等 34 人举办护理讲座。护理老师从老年人的特点入手，通过分析老年人常见的意外状况，教授如何喂食、如何防摔倒等护理老年人的技能，此外还特别强调了卧床老年人的生活照料知识。

（2）项目组充分利用了社区以及乐耆社工服务社的内外部资源，

在经过招募参赛选手、租借合适的场地与器材，以及邀请专业的评委老师等筹备工作之后，在金杨街道开展了一次护老者技能展示大赛。包括护理员、居家养老服务社及敬老院的工作人员在内的近30名为老服务从业人员参与了本次活动中。

3. 魅力女性训练坊

组织金杨街道关爱员开展"亲密呼唤"的小组活动，鼓励她们把"关心、夸奖、赞扬"等正面情感通过语言表达出来，拉近整个团队成员之间的距离，提升团队凝聚力，从而更好地整合为老服务资源。共计开展小组活动5次，参与人次达100人次。

4. 节庆社区联谊

以妇女节、劳动节、母亲节、国庆节等节庆日为契机，邀请家庭护老者、关爱员、护理员以及社区志愿者一同参与大型社区联谊活动。累计开展活动7场，252人次参与。

5. 身心调理养生坊

（1）依托中秋佳节这一传统节庆契机，邀请专业的心理老师设计心理特色讲座及互动游戏，减轻或消除护老者在长期护理中产生的压力。以多元化的方式升华志愿者的服务理念，增强他们的心理满足感。30名护理员及金桥镇妇联工作人员参与。

（2）于金杨街道为老服务中心开展题为"为老服务者的心理压力"的心理讲座，邀请心理学博士主讲。因应讲座参与者，从事为老服务工作的需求与特点，主讲人系统地讲解了为老服务工作者的心理特征、可能面临的压力及心理问题，以及应对心身耗竭的方法与措施等内容。35名居家养老关爱员及医疗队志愿者参与。

6. 个案工作服务

（1）根据调研报告所显示的家庭护老者的需求，整合社区资源，为本项目招募 14 名医疗队志愿者。召开志愿者见面会，向医疗队的志愿者们介绍本项目的主要服务内容；与医疗队的主要负责人一起对志愿者与服务家庭进行结对，分组确定各组的负责人。

（2）社工与志愿者共同走访失能老年人家庭，帮助双方建立关系，与护老者家庭签订服务承诺书。

（3）定期开展志愿者分享会，分享各自在服务过程中所遇到的困难与经验，同时由社工对志愿者进行培训，提醒志愿者上门服务的注意事项，并指导志愿者做好每次上门的服务记录。

（4）定期走访护老者家庭，了解护老者近期的生活状况、老年人的身体情况，根据日常探访的内容建立护老者家庭档案以及探访记录，累计服务 672 人次，形成护老者家庭档案 23 份、探访记录 23 份。

总体上说，关爱护老使者项目是一项综合性的社工服务项目，包括个案社会工作、小组社会工作与社区社会工作，且涉及多个人群，如家庭护老者、护理员、关爱员、医疗队志愿者等，而专门针对家庭护老者的小组社会工作很少，仅有护老者互助沙龙，但具体活动是如何开展的并没有详细介绍，因此该项目支持群体的特点还不显著。未来需要进一步加强专门的支持群体的构建，如护老者的经验分享、情绪宣泄等。另外，必须把家庭照料者与护理员分开，因为两者是有根本区别的，前者没有经济回报但有更多的情感付出，后者正好相反，这就使得前者的压力更大，需要更多的支持。

除上述分别实施的项目之外，在实践中还发展出包含喘息服务、培训与咨询以及支持群体的综合性的为护老者服务的机构。上海杨浦区馨浦老年社工师事务所以护老者为服务对象，自 2011 年起设立"护老者之家"，致力于改善社区养老整体环境。"护老者之家"从

"社区为本"视角出发，逐渐形成了"枢纽式链接"和"网络式支持"的服务模式。一是枢纽式链接，即以机构为枢纽，链接街道、居委会、社区医院、志愿者团体、社区居民、专业机构等资源，并把资源输送到有需要的护老者身上。二是网络式支持，指通过整合所链接的资源，以护老者为中心，运用社会工作的专业方法，从护老者的个人、朋辈和社区三个层面构建支持网络，营造良性的社会环境，提高老年人的生活质量。在个人层面，主要是开展护理技能培训，提供个案辅导、喘息服务等；在朋辈层面，主要是组织护老者团体、沙龙等；在社区层面，主要是开展以社区教育为目的的主题活动、建设"护老者之家"社区服务站点等。"护老者之家"已先后在杨浦区长白新村街道等五个街镇试点实施，累计服务超过6800人次，开展各类活动和服务近百次。①

第五节 特殊照料者福利

如第一章所述，在老年人的家庭照料者中，有几个特殊人群需要予以重视，他们是女性照料者、未成年人照料者、老年人照料者、社会经济地位较低的照料者以及患有特殊疾病老年人的照料者。失智是老年人患病率较高的慢性病，目前尚无有效医治失智的方法，且中晚期失智老年人给家庭和社会带来极大的经济负担和照料压力。所以，失智老年人的家庭照料者是国外家庭养老支持政策的主要干预对象。

专职失智症干预的社会组织上海尽美长者服务中心经测算指出，

---

① 《大城养老》编委会编：《大城养老——上海的实践样本》，上海人民出版社2017年版，第114—115页。

我国共有超过 1000 万失智症患者，平均每分钟增加 1.6 个新病例，按照国际大城市的平均发病率和上海的户籍老年人口数量推算，上海的失智症患者超过 30 万，约占 60 岁及以上老年人数量的 7%。失智症患者确诊之后的平均寿命在 5 年到 10 年。其核心症状包括失语、记忆障碍、行动障碍、执行功能障碍。失智症患者还可能出现抑郁、妄想、幻觉、睡眠障碍、异食、徘徊、暴力、焦躁、拒绝介护、不安等情况。随着病情的加重，患者的性格和行为会发生改变，逐渐丧失独立生活的能力。因此，从失智症发生那一刻起，每分钟都是真实的消耗。一名患者家属曾对尽美总干事顾春玲说，十年里都没有好好睡过一个午觉。原本应该由专业医疗手段和社会支持系统分摊的救济负担，完全由患者和家庭背负。① 可见，我国应尽快构建失智支持体系。鉴于当前以及未来较长一段时间内失智症治疗资源与庞大患者群的不成比例，失智老年人主要还是由其家人照料，因此要特别强调对失智老年人家庭照料者的支持。

2016 年，上海市质量技术监督局发布《老年宜居社区建设细则》，其中规定："应针对失能（失智）老年人的家庭照料者提供支持性服务，包括护理技术培训、辅具租用、减压辅导和专业社工等服务。"从上海的实践来看，失智支持体系主要包括医院治疗、机构照料与社区照料。

第一，医院治疗。上海市精神卫生中心老年精神科，也即上海交通大学医学院阿尔茨海默病诊治中心，是上海治疗失智症历史最久的医院之一，医院的老年科病房也是上海唯一一家能让精神行为症状突出的患者住院治疗的三甲医院。医院老年精神科主任医师李

---

① 《大城养老》编委会编：《大城养老——上海的实践样本》，上海人民出版社 2017 年版，第 125—127 页。

霞说:"'痴呆'不可控,但吵闹行为可控。药物和非药物治疗同时进行,让患者难以护理的精神行为得到控制,最终能够回到家庭或到养老院生活。"① 但失智老年人回到家庭或到养老院生活仍需要监护,而多数家庭没有能力帮助老年人维持病情稳定或延缓恶化进程,有能力和意愿收治有精神行为症状的失智老年人的养老院也非常难找。这就导致老年科的病房压床率太高,不知不觉变成了"护理院"。病人不愿意出院,有限的床位难以周转,挤压了本来就稀缺的医疗资源。

第二,机构照料。上海市第三社会福利院暨上海民政老年医院设有"四大中心",分别为失智照料中心、介护照料中心、介助照料中心和医疗康复中心。失智照料中心建成于2008年,是全国首家以"失智照料中心"命名的服务中心。通过与欧盟国家的合作,中心不断引进先进设计和人性化照料理念,为失智老年人提供生活照料、医疗护理和康复等服务。一是环境设施讲求科学性。中心设有家庭式照料区,重症失智失能照料区,声、光、嗅觉多功能康复室,以及音乐治疗室等设施。为确保失智老年人的安全,除设置了传统的无障碍、防滑、防伤害等养老防护设施外,中心安装了柔和的黄光照明设施,安抚老年人情绪;在窗户安装了限位装置及防走失门禁系统,兼顾安全性和通风、美观的需要。二是照护服务讲求专业性、人文性。开发了由社工、护理人员介入的失智老年人脑动力系列体验服务,社工主要策划并提供维持老年人最大活动功能与情绪稳定等日常系列活动,以及促进老年人社会交往及亲情体验的主题活动;护理人员主要做好老年人的基础护理、日常生活技能训练,以及结

---

① 《大城养老》编委会编:《大城养老——上海的实践样本》,上海人民出版社2017年版,第127—128页。

合老年人以往生活记忆的个性化"场景再现"照护服务等,力求在满足老年人生活照料需求的同时,更多地突出人文关怀。①

第三,社区照料。中国社会对于失智症患者的救助是"哑铃状"的,一端是家庭,一端是医院,两者的中间地带又纤细又虚弱。中间地带跨越了失智症恶化的整个周期,是非药物干预最能发挥作用的地方。这个中间地带就是由专业力量主导的社区照料。成立于2012年的上海尽美长者服务中心就是这样一家专业机构,它和老年科合作,社工和志愿者在诊前、诊后的各个缝隙与医生对接,帮助患者预约门诊,为诊后的患者家庭提供关爱服务,在医患朋友圈进行照料咨询。尽美还与社区合作,建立了"记忆家"——社区认知症公共服务中心,通过整合社区资源,为失智症患者及其家庭提供整体解决方案。"记忆家"的基本服务包括:基于社区的失智症预防、倡导、筛查;针对出现早期症状的长者,开展认知训练及非药物干预;对于中重度失智症家庭,组织支持团体、家庭照护者培训课程,以及志愿者上门关爱的公益服务。目前,尽美已经形成了相对成熟的社区服务模式,在浦东塘桥、浦东洋泾、静安曹家渡等多个街道深耕探索,与居委会、老年协会、社区学校、志愿者、街道养老院、日照中心等合作设计服务机制。同时,尽美还制定了《认知预防落地社区机制》《社区老人失智筛查流程》《宣导活动标准课程》《认知症社区预防手册》《认知症志愿者手册》《系列非药物干预课程》等标准化成果。②

对失智老年人的早期干预能有效延缓其病情的恶化,进而缩短

---

① 《大城养老》编委会编:《大城养老——上海的实践样本》,上海人民出版社2017年版,第131—132页。
② 同上书,第129—131页。

照料者福利：中国社会养老公共政策创新研究

家庭照料者的照料时间，减轻其照料压力。但目前大多数失智症预防与干预项目均偏重失智老年人，对其家庭照料者的直接支持还非常少，而这应该是未来发展的方向。例如，在浦东新区塘桥街道开展的认知症友好社区建设中，通过建立患者俱乐部，对患者和家属提供专业支持和培训。又如，2016年普陀区长寿路街道成立的认知症日间照料中心，依托日托所专业资源和社区医院为社区患者家庭和养老机构开展照料者培训与能力建设，为患者家庭提供照护支持与心理干预。① 2018年，长寿路街道有两间社区长者照护之家投入运营，其中10张床位作为认知症照护专区，② 以帮助有全托需求的认知症家庭。

总体说来，我国在直接照料者福利与间接照料者福利两个方面均有所发展。但作为照料者福利更为突出的方面——直接照料者福利，目前还无法与国外的发展水平相提并论。因此，为了应对老年人长期照料的压力，未来还需继续加强直接照料者福利，提高照料者的照料能力与生活质量。

---

① 《大城养老》编委会编：《大城养老——上海的实践样本》，上海人民出版社2017年版，第133—135页。
② 汤彬：《HELLO! 认知症友好社区》，https://zhuanlan.zhihu.com/p/34937266，2019年7月24日访问。

第五章

我国照料者福利的制度设计

养老是家事也是国事。照料者福利的发展与完善，是家庭养老的现实需要，更是政府担当的生动体现。与很多国家不同的是，长期以来我国照料老年人的责任基本上由家庭照料者承担，而国家只是起托底作用，因此未来需要逐渐强调照料老年人的国家责任，国家支持家庭照料者，给予他们越来越多的照料者福利。本章首先从理论上阐述了国家与家庭的福利责任划分，然后论述了我国社会福利制度的发展趋向，最后对我国照料者福利的制度设计作了全面的构建。

第一节　国家与家庭的福利责任划分

在西方发达国家，政府帮助家庭成员承担家庭责任有着悠久的历史。从17世纪初英国的《济贫法》开始，到20世纪中叶福利国家进入鼎盛时期，虽然政府在社会福利领域的角色不断扩大，但在西方大多数国家的民法中有关家庭责任的内容变化很少，特别是在对老年人和儿童提供照料方面，家庭成员一直被赋予义不容辞的责任。①

在福利多元主义看来，国家、市场和家庭构成了社会福利的基本三角，这三者之间不是替代而是互补关系，国家不是福利的唯一供给者，家庭也是个人福利的重要来源。② 然而，国家与家庭的福利责任应该如何划分呢？是以国家责任为主，还是以家庭责任为主呢？这个问题没有明确的答案，不同的国家有不同的福利责任划分，同一国家在不同历史阶段其福利责任划分也不同。我们只能从影响因素来分析，国家与家庭在福利责任上的划分很大程度上取决于家庭结构的变化（生育率、老年人比例、就业人口比例等）、家庭功能的强弱、国家对于公民权利的认识（直接责任还是间接责任）、国家的财力以及传统文化等。

艾斯平-安德森（Gosta Esping-Andersen）在《福利资本主义的三个世界》里提出了福利制度的三种模式——社会民主主义、自由主义与保守主义。③ 其中，社会民主主义强调国家责任，自由主义强调家庭责任，而保守主义同时看重国家责任与家庭责任。作为对女性主义批评的回应，安德森引入了"家庭主义"（familialism）和"去家庭化"（de-familialization）两个概念来描述国家对家庭的不同态度。他区分了家庭主义福利体制和去家庭化福利体制的特点：前者是指以家庭为主要照料承担者的福利供给模式；而后者则试图减轻家庭的负担，减少个体对家庭亲属的依赖，以获得个体的独立。据此，他分别提出了家庭主义福利体制和去家庭化福利体制的测量

---

① J. Millar, A. Warman, *Family Obligations in Europe*, Family Policy Studies Centre, 1996.
② Richard Rose, Common Goals but Different Roles: The State's Contribution to the Welfare Mix, in Rose & Shiratori (eds.), *The Welfare State: East and West*, Oxford: Oxford University Press, 1986.
③ Gosta Esping-Andersen, *The Three Worlds of Welfare Capitalism*, London: Polity Press, 1990.

指标。①

国家福利是必需的，因为在现代化进程中，家庭结构的变化、家庭功能的嬗变以及贫困问题的恶化已无法逆转社会对国家福利的需求。而家庭福利也是必需的，因为家庭能满足个体多方面的需求，家庭成员的互助无法由社会服务完全替代，并且还极大地降低了社会成本。目前，世界上大多数国家都处于从家庭主义到去家庭化的轴线上，即大多数国家都是国家—家庭福利的混合体，只是国情不同，侧重点不同罢了。我们可以根据国家—家庭福利混合的比例将大多数国家分为三类：偏重家庭责任的国家（大多数亚洲国家、非洲国家、拉美国家、南欧国家）、偏重国家责任的国家（北欧国家）与家庭责任和国家责任并重的国家（英国、法国、德国、美国、加拿大、日本等）。

偏重家庭责任的国家，往往是传统家庭价值观比较稳定且社会福利体系不是很完善的国家。在拉丁美洲社区中，"扩大家庭"包括老年人，不仅构成了社会的基本单位，而且是他们福祉的核心。因此，孩子们感到当他们的父母年老时有道德和社会义务去支持父母。② 而南欧的福利体系不是很发达（公共与志愿服务非常少），家庭支持被普遍认为是更为完好的和主动的。③ 而偏重国家责任的国家，往往是重视公民个人的需求与权利，且财力比较雄厚的国家。这些国家通过建立与完善社会福利体系实现老年人的长期照料，包

---

① Gosta Esping-Andersen, *Social Foundations of Postindustrial Economies*, New York: Oxford University Press, 1999, p. 51.
② Yewoubdar Beyene, *et al.*, Perception of Aging and Sense of Well-being Among Latino Elderly, 2 *Journal of Cross-Cultural Gerontology* 17 (2002), pp. 155-172.
③ J. Ogg, Sylvie Renaut, The Support of Parents in Old Age by Those Born During 1945-1954: A European Perspective, 5 *Ageing & Society* 26 (2006), pp. 723-743.

括经济支持、生活照料、医疗护理、精神慰藉方面。例如,北欧发达的福利体系给老年人提供了不同的专业或正式服务,以及独立居住计划或"退休之家"的大量选择。①

论证以上哪种类型更好实际上并无意义,国家责任与家庭责任并重,正式照料与非正式照料相互补充才更符合老年人的根本利益。达特兰(S. O. Daatland)和赫尔洛夫(K. Herlofson)指出,老年人照料在所有的经济发达国家都是家庭与福利国家的合作。挪威、以色列、英国、德国和西班牙这五个国家的公共舆论都赞同家庭与福利国家的合作,但倾向的混合体形式不同。挪威和以色列把福利国家放在首位,家庭协助。而其他三个国家倾向于赞同责任均分,或者家庭居于首位,国家协助。②

所以,在全球人口老龄化的背景下,大多数国家在养老领域都强调国家与家庭的合作,由国家对家庭提供支持,而支持家庭照料者就是其中的一个重要方面。通过支持家庭照料者,老年人可以更长时间地待在家中养老,既享受亲情又得到专业的服务,从而提高生活质量。虽然国家支持下的家庭养老也会耗费大量的财政资源,但与大力发展机构养老相比,国家的财政压力明显减轻。

第二节　我国社会福利制度的发展趋向

如果从福利多元的角度理解社会福利,社会福利在我国有着悠久的历史。中华人民共和国成立前,受以小农经济与家族联结为基

---

① J. Ogg, Sylvie Renaut, The Support of Parents in Old Age by Those Born During 1945-1954: A European Perspective, 5 *Ageing & Society* 26 (2006), pp. 723-743.
② S. O. Daatland, K. Herlofson, 'Lost Solidarity' or 'Changed Solidarity': A Comparative European View of Normative Family Solidarity, 5 *Ageing and Society* 23 (2003), pp. 537-560.

础的社会结构和儒家思想的影响,家庭和地方社区承担着主要的社会福利功能。个体首先从原生家庭那里获得各种福利,当家庭因为天灾人祸难以支撑家庭成员的生存与发展时,地方社区(以家族为主体)会伸出援手,给予生活、就业、教育等方面的帮助。在传统中国的社会治理中,国家相对远离地方社会,地方社会自给自足(包括福利供给)是基本样态,国家在社会福利方面的作用微乎其微。

中华人民共和国成立后至改革开放前,在政府的倡导和支持下,制度型的城乡集体福利逐步建立与完善,大多数社会成员可以从其依附的集体那里获取各种社会福利(包括就业、教育、医疗、住房、福利服务等),政府提供的社会救助则呈现出明显的补缺型特征。也就是说,只有当"正常"的供给渠道(自身、家庭、集体)失效时,政府创办的社会福利机构才会为处于困境的人提供帮助。但由于当时经济发展水平较低,集体的福利供给大多是低水平的,能保证集体成员体面的生活就很不错了。

改革早期(1978—1999),市场化改革导致原先的集体福利解体,福利多元化的格局初步形成。农村的家庭联产承包责任制、城市的国有企业改革,使得原有的集体福利大幅减少。改革过去统包统配的就业政策,建立劳动力和用工单位双向选择的市场机制,并实行"下岗分流,减员增效和实施再就业工程"相结合的政策,以往的就业保障被彻底瓦解。同时,教育、医疗等社会事业也逐渐市场化,在一定范围内实行用者付费。政府采用社会保险为主、社会救助为辅的制度来取代以往的社会福利制度,但改革早期的社会保险覆盖率较低,社会救助范围极其有限。总体上说,这一时期在社会福利供给方面,过于强调家庭、市场和社会(社区、私人和社会组织）的作用，但市场和社会的福利供给还刚刚起步。而政府在社会福利供给方面则不太积极，在某些领域甚至有退出的倾向。因此，这一时期总体的社会福利供给严重短缺，无法应对社会经济转型带来的巨大社会福利需求。

2000年以来，我国进入改革中期，针对前一阶段社会发展和经济发展的不协调性，政府提出了以民生为导向的社会建设。党的十七大报告明确提出"要努力使全体人民学有所教、劳有所得、病有所医、老有所养、住有所居"的社会建设目标。也就是说，我国社会福利制度开始由"救助型"向"适度普惠型"转变。以老年人长期照料为例，过去的养老资源分配，绝大多数以经济为门槛，也就是根据收入水平确定服务对象；统一需求评估以身体条件为依据，决定老年人能不能获得养老服务、获得多少服务的不是收入水平，而是老年人的照护需求。[①] 相对于改革早期，这一时期福利多元化的格局更加清晰。政府加大了社会福利投入，社会保险覆盖率有了很大提高；市场的作用进一步加强，越来越多的私人资本进入社会福利领域；志愿组织发展迅速，在政府购买的推动下，其社会福利供给的质与量都有了很大提升；由于政府越来越重视社区建设，社区在社会治理中的作用不断强化，社区福利供给越来越多样化。唯一不足的是，由于家庭结构的小型化、家庭劳动人口工作压力的加大，家庭的福利功能逐渐弱化，主要表现为在抚养子女和赡养老年人方面的能力不足。

我国是一个社会福利发展相对落后的国家，且由于传统文化的影响，更强调家庭在社会福利供给中的主要作用。然而，随着我国

---

① 《大城养老》编委会编：《大城养老——上海的实践样本》，上海人民出版社2017年版，第179页。

社会的深刻转型，家庭的福利功能在逐渐弱化，所以目前要特别强调对家庭的支持，使家庭能够持续成为有效的福利提供者。2016年，我国实施全面二孩政策后，出生人数不升反降，反映出育龄妇女生育意愿较低已成为一个普遍的现象。而影响生育意愿的一个重要原因是无人照料0—3岁的幼儿，一胎的照料已经让全家人筋疲力尽，在没有社会支持的情况下，幼儿的照料成本直接遏制了一些家庭的二胎生育意愿。实际上，有些国家（如北欧）早已把幼儿抚育纳入社会福利体系，这样就在很大程度上减轻了家庭照料的压力，使父母可以同时兼顾工作与抚育。与幼儿抚育一样，我国在养老领域也亟须加强对家庭的支持，这既包括给老年人直接提供服务，也包括通过支持家庭照料者间接支持老年人。而不像以往那样，养老服务多将目光聚焦在服务对象——老年人身上，而较少关注到服务对象的非正式照料者（家属、亲戚或朋友等）。

当然，由于诸多因素的影响，在国家—家庭福利的混合体中，我国目前必须更为偏重家庭责任，国家只能支持而不能替代家庭养老，由此才更加符合老年人、照料者与社会的福祉。可见，我国未来社会福利制度的发展除了继续遵循适度普惠型的原则之外，还应在完善福利多元化格局的基础上，加强政府、市场、志愿组织与社区对家庭的支持，使家庭在福利供给方面继续发挥其无可替代的作用。

第三节 我国照料者福利的制度设计

俗话说"一人失能，全家失衡"。社会转型时期失能老年人的家庭照料者承受着巨大的压力，亟须得到各种支持，即照料者福利。

而为了更有效地缓解家庭照料者的压力,提高老年人与家庭照料者的生活质量,必须进行整体设计,将已有的好的做法加以整合提升,同时借鉴国外的经验,开创一些新的举措。

一、承认和保护照料者权利的法律政策

任何制度设计都体现在法律政策上,其中法律尤为必要,突出了根本,必须为之或必须不为之,而政策的优势则在于其灵活性,能够及时对变化的社会环境作出反应。英国、美国和澳大利亚在承认和保护照料者权利方面的法律政策比较完善,我国可以基于国情借鉴其经验,制定相关的法律政策。

第一,比较全面地针对照料者福利的法律政策。

家庭照料者的需求是多方面的,因此最优的制度设计是支持照料者的全面的法律政策。英国在这一方面走在前列。英国自20世纪70年代起逐渐强调社区的作用,尤其是家庭照料者的作用,以帮助和支持那些需要得到支持以在家居住的人。1981年,英国政府白皮书《变老》指出,家庭成员最能够理解和满足老年人广泛的个人需求。1989年,英国政府白皮书《社区照顾》的核心目标是服务提供者优先考虑给照料者提供实际的支持。《1990年国家健康服务与社区照顾法案》第一次将照料者的需要考虑进来,把健康与社会照料政策中长期被忽视的照料者放到了中心位置。《1995年照顾者(认可和服务)法案》(下称《1995年法案》)是一个非常重要的法案,因为它是第一个完全承认照料者角色的社区照料法律。《1995年法案》赋予经常提供(或打算提供)大量照料的照料者,在他们所支持的被照料者之外,独立评估自己需求的权利。然而,在评估了照料者的需求之后,《1995年法案》并没有强调地方政府给照料者提

供服务的义务。《2000年照顾者及残疾儿童法案》（下称《2000年法案》）弥补了这一不足。《2000年法案》要求地方政府直接给照料者提供服务，照料者可以要求评估并获得服务，即使他们支持的老年人或残疾人不愿意被评估。随着有心理健康问题（如患有阿尔茨海默病等）老年人的逐渐增多，照料者受到真正的重视。据预测，到2025年，英国阿尔茨海默病患者将达到100万人。[1] 为了应对这一越来越大的压力，《2004年照顾者（平等机会）法案》（下称《2004年法案》）颁布，2005年4月1日在英格兰和威尔士开始实施。《2004年法案》致力于给照顾生病或残疾亲属或伴侣的人提供支持，包括提供信息、工作机会、教育与终身学习。英国国家卫生与临床优化研究所（National Institute for Health and Clinical Excellence, NICE）于2006年11月颁布了支持照料者的指导原则。对照料者的多种干预可能是最好的办法，包括心理教育、技能训练、支持群体、信息与支持的网络系统的继续发展。[2] 由上可见，英国逐渐认识到家庭照料者必须得到支持，并从整体上构建支持家庭照料者的法律政策，其关注点在于家庭照料的持续和家庭照料者多方面的福利。

与英国强调整体立法不同，美国主要是进行政策制定。美国在其快速人口老龄化的过程中，制定了一系列关于家庭照料者的社会支持性政策与项目计划。美国于2000年设立的国家家庭照料者支持项目（National Family Caregiver Support Program, NFCSP），是由老龄署向州和地方老龄办拨款支付与鼓励家庭照料者帮助其老年亲属实

---

[1] Dementia UK: The Full Report, https://www.alzheimers.org.uk/sites/default/files/2018-10/Dementia_UK_Full_Report_2007.pdf?fileID=2, visited on 2016-12-08.
[2] Dementia: Supporting People with Dementia and their Carers in Health and Social Care, https://www.nice.org.uk/guidance/cg42, visited on 2016-12-08.

现居家养老,拨款额度根据管辖地 70 岁及以上老年人的数量决定。①

第二,针对照料者某一方面福利的法律政策。

家庭照料者支持策略包括很多方面,有的国家特别强调某一方面的支持策略,并制定了相关法律政策。其中,长护险与喘息方面的法律政策最为普遍。

以色列在 1986 年通过了《长期护理保险法》,德国在 1995 年把长期护理保险制度纳入《社会法典》,日本在 1998 年颁布了《护理保险法》,韩国也在 2007 年通过了《老年人长期护理保险法》。此外,各国还构建了与法律相配套的系列法规,如资料审查制度、护理津贴制度、护理人员考试进修制度、受护理者申诉制度、服务质量检查制度等。②

2006 年,美国国会颁布了《寿命喘息法案》(Lifespan Respite Care Act of 2006),确保了官方资金分配至各州,并主要用于寿命喘息项目的发展,如喘息服务工作人员、志愿者及照料者培训。③ 近年来,美国又陆续出台了一系列的喘息支持法案:《阿尔茨海默病患者照顾者支持法案》(Alzheimer's Caregiver Support Act)、《伤残退伍军人照顾补偿法》(Disabled Veterans' Caregiver Compensation Act)等。④ 1996 年,澳大利亚制定了针对照护者的《国家照护者休养法案》,建

---

① 全国老龄工作委员会办公室编:《中国人口老龄化研究论文集》,华龄出版社 2010 年版,第 160—165 页。
② 王华磊、穆光宗:《长期护理保险的政策研究:国际经验和中国探索》,载《中国浦东干部管理学院学报》2018 年第 5 期。
③ 王上、李珊:《国外喘息服务的发展及对我国居家养老的启示》,载《东北师大学报(哲学社会科学版)》2014 年第 6 期。
④ 曾莉、周兰姝:《喘息服务发展现状及对我国护理工作的启示》,载《中国实用护理杂志:中旬版》2010 年第 12 期。

立了"喘息服务"中心。①

第三,附属于老年人的支持家庭照料者的法律政策。

支持家庭照料者的法律政策有时是附属于老年人的相关法律政策之下的。美国于2000年颁布了《老年人法修正案》,推动了喘息服务在全国的推广。澳大利亚于2006年颁布了《老年痴呆者居家照护法案》,进一步支持"喘息服务"。②

我国《老年人权益保障法》从家庭赡养与抚养、社会保障、社会服务、社会优待、宜居环境、参与社会发展等方面对老年人的权益给予了全方位的立法保障。此外,我国《宪法》《民法通则》《婚姻法》《继承法》《刑法》以及《劳动法》等重要法律法规中,也都对保护老年人合法权益作了相应的规定。但现有的涉老法律法规仅仅考虑老年人的权益保障问题,而没有考虑对老年人权益实现有着重要作用的家庭照料者的权益。从家庭照料者的角度来说,他们也是享有各项权利的公民,照料使得他们的某些权利（如受教育权、工作权、休息权、享受科学文化生活的权利等）受损,因此从人权的角度,他们也必须得到支持。我国应借鉴国外经验,承认和保护照料者的权利,使其作为一个显性的群体而存在,而不是隐藏于老年人群体背后。

我国目前在照料者福利方面的法律政策几乎是空白,不仅没有比较全面地针对照料者福利的法律政策,而且也没有针对照料者某一方面福利的法律政策（如《喘息服务法》）。《老年人权益保障法》中虽然有关于照料者福利的规定,但只是原则性的规定,即第27条

---

① 王然:《美、澳发展"喘息服务"的经验和启示》,载《中国社会报》2017年6月26日第7版。
② 同上。

规定:"国家建立健全家庭养老支持政策,鼓励家庭成员与老年人共同生活或者就近居住,为老年人随配偶或者赡养人迁徙提供条件,为家庭成员照料老年人提供帮助。"所以,未来我国在照料者福利方面还有很大的法律政策空间,需要尽快补足。例如,郭忠指出,就"孝老"义务而言,社会需要其成员履行"孝老"义务,首先需要社会成员的"孝老"权利需求得到社会承认、支持和保护,才能进一步推动义务的实现。[1]

二、合理构建长期护理保险制度

2000年,日本开始实施长期护理保险制度,由日本的卫生部、劳动部和福利部门联合实施。项目的四个目标之一就是寻求减轻老年人家庭照料者的负担。换句话说,项目是推动国家和家庭共同承担老年人照料责任。[2] 我国即将全面推出的长护险制度,也应始终围绕国家与家庭责任共担的原则,且要特别强调国家对家庭的支持,在宣传、评估与服务三个方面进行合理的构建。

(一)全面宣传与重点宣传相结合

法律政策的颁布与实施不等于所有公民均已知晓,有效宣传始终是任何法律政策有效实施的关键。在荷兰,失能老年人与照料者会从来自医疗保险部门的中心联系人那里获知长护险的相关信息。[3] 当前上海市长期护理服务的落地推广主要依靠各区街镇和村居委通

---

[1] 郭忠:《试论"孝老"权利的法律化》,载《学术界》2019年第4期。
[2] C. Usui, H. A. Palley, The Development of Social Policy for the Elderly in Japan, 3 *Social Service Review* 71 (1997), pp. 360-381.
[3] Evi Willemse, *et al.*, Do Informal Caregivers for Elderly in the Community Use Support Measures? A Qualitative Study in Five European Countries, 1 *BMC Health Services Research* 16 (2016), p. 270.

过联合护理服务机构,定时定点向社区居民进行宣传。但这种宣传方式存在一定的时间限制和地域限制,不一定能将信息有效传达给那些失能在家、生活起居均需他人照料的老年群体,而这些失能老年人正是长护险制度所关注的重点服务对象。所以,在全面宣传的同时,还应该有重点宣传。具体做法可以是,充分利用村居委的力量,对其辖区内的中重度失能老年人、80岁及以上高龄老年人及独居老年人等三类老年群体进行入户或电话宣传和登记,扩大有真实需求的老年人对长护险制度的知晓率。当然,无论是全面宣传还是重点宣传,都应加强对宣传者的培训,使其对长护险制度的概念、模式及服务内容等方面有准确的理解,由此减少宣传中的误区。

(二)科学评估

科学评估是精准服务的前提,长护险的评估可以在以下三个方面予以改进:

第一,评估内容还需更加全面,而不仅仅是自理能力和疾病轻重的评估。在世界卫生组织失能相关的分类方法和不少发达国家的失能评估中,都会特别考虑老年人的外部生活环境与社会维度,如沟通与交流能力、(不当)行为问题或其他社会接触和活动参与的内容。[①] 此外,长护险能否减轻照料负担,还要看不同失能等级的参保老人除正式照料外所需的非正式照料能否为主要家庭照料者所应对。因此,长护险的评估不能只考虑老年人的身体状况,还要考虑其他因素。例如,轻度与中度失能老年人得到的正式照料较少,而主要家庭照料者(很多是失能老年人的配偶)由于自身身体状况每况愈

---

① 彭希哲等:《中国失能老人问题探究——兼论失能评估工具在中国长期照护服务中的发展方向》,载《新疆师范大学学报(哲学社会科学版)》2018年第5期。

下，在没有其他家庭照料者协助的情况下，难以承担照料责任。因此，长护险的评估除了考虑失能老年人的身体状况之外，还要考虑失能老年人非正式照料的实际状况（包括主要家庭照料者的个人状况和家庭的整体状况），进行照料负担评估，从而有针对性地提供服务（如喘息服务）或减免护理费用。

第二，评估过程还需更加严谨。如前所述，现有评估由于评估过程不太严谨导致评估结果不太准确。相比较而言，日本的评估过程比较严谨，包括四个步骤：第一步，被保险人等向市町村政府提出护理申请；第二步，市町村派出经过培训并符合资质的评估员采用上门评估的形式对申请人进行访问调查，采用全国统一的要护理认定调查表（共85项），并将调查结果进行确认后上传电脑，同时反馈结果；第三步，市町村委托主治医生职称以上医生对被申请人进行健康审查，并提出健康状况意见书；第四步，市町村护理认定审查委员会根据反馈结果和健康状况意见书进行二次认定，委员会由保健医疗福祉专家5人左右组成，申请人对护理结果有异议的，还可以向都道府县的"护理保险审查委员会"提出申诉。[①] 除了借鉴日本的经验之外，未来还可以将评估与家庭医生制度相衔接。上海市A区和C区已经尝试派遣参保老人的家庭医生上门为老年人进行评估，被评估老人表示家庭医生上门使其在评估时更加安心，且家庭医生对被评估老人的病史与自理能力也更加了解，有助于提高评估的效率与准确度。

第三，评估结果还需要细化。在日本，给付对象按护理等级分为支援和护理两种。支援针对程度相对较轻，维持入浴、排便、进

---

① 彭希哲等：《中国失能老人问题探究——兼论失能评估工具在中国长期照护服务中的发展方向》，载《新疆师范大学学报（哲学社会科学版）》2018年第5期。

食等日常生活有一定的困难，需要帮助的老人，分为支援1级和支援2级。护理针对程度更重，需要进行日常护理的老人，分为1—5级。① 笔者认为，为满足不同失能等级老年人的护理需求，更精准地提供护理服务，评估结果还需要细化。

（三）精准服务

由于诸多因素的影响，目前很多试点城市基于长护险的长期护理服务还未能做到精准化，未来可以在服务内容、服务时间与服务人员三个方面予以改进。

1. 服务内容

（1）让参保老人及其家属充分参与护理计划的制订。从目前的情况来看，在护理计划制订过程中，老年人及其家属的参与只是形式上的，大多数参保老人及其家属并不了解所有的服务项目，常常是在护理员的推荐下作出的被动选择。因此，未来要规定上门制订护理计划的护理员逐条清晰地介绍42项服务，以便参保老人及其家属作出恰当的选择。

（2）不同失能等级的参保老人应享受差异化的服务。针对不同失能等级的参保老人，上海试点目前仅关注了服务时长的差异性，而没有考虑服务内容的差异性，这显然是不合理的。日本的要护理2级比1级增加了复建护理，3—5级又比2级增加了日间或夜间巡回护理。所以，未来还应考虑分级护理在服务内容上的差异性。

（3）调整长期护理服务的内容。首先要避免42项服务内在的交叉重叠。其次要拓展长期护理服务的内容，如预防与康复护理、精神慰藉服务、配药与陪同就医服务、短期全托服务、与护理服务相

---

① 于建明：《日本老年长期护理服务体系建设的启示》，载《中国社会工作》2016年第8期。

关联的家政服务等。包括短期全托服务在内的喘息服务不仅与失能老年人直接相关，有利于老年人的治疗和社交，还与家庭照料者直接相关，有利于缓解家庭照料者的压力。最后，除了新增服务项目之外，还可以根据失能老年人的实际需求对现有服务项目进行筛选，删除无人勾选的服务项目。

2. 服务时间

在服务时间方面，未来应给予参保老人及其家属更多的自主权。在不超过总服务时长（如5—6级每周7小时）的情况下，每周服务次数与每次服务时间可以让参保老人及其家属与护理员自行协商。一般来说，中重度失能老年人每次服务时间要长于轻度失能老年人，所以可以减少每周服务次数，增加每次服务时间。而对于需要精神慰藉的老年人来说，可以维持原有的时间安排不变。

3. 服务人员

（1）加强职业技能培训，提高护理员的专业水平。职业技能培训包括两个方面：一是与资格证考试相关的培训。必须尽快出版统一教材，以指导护理员的资格证考试。考试内容要侧重实操部分，且要覆盖所有的基本生活照料项目及简单的临床护理（如物理降温等）。此外，还应改变目前的"自主"培训模式，建立医疗照护证官方培训体系，以确保拿到医疗照护证的护理员具有较高的专业性。二是常规培训。由卫计委牵头，以定点护理服务机构为依托，每三个月或半年开展一次培训，讲授最新医疗护理知识与相关技巧，分发学习资料，通过专业人员指导和自学，不断提升护理员的专业水平。

（2）扩大护理员队伍。当前养老护理员（医疗照护）的人才缺口较大，急需建立护理员供给的中长期规划。一方面，引导社会大众认识到护理服务工作的重要性，提高护理员的职业地位。另一方面，鼓励低龄的专业人士参与到长期护理服务的供给中。例如，日本将护理员定位为高端人才，基本需要大学本科以上学历，以保证护理员的专业性与高素质，为长护险的平稳发展打下坚实的人才基础。

（3）稳定护理员队伍。稳定护理员队伍主要靠薪酬福利，第一，要提高整个护理行业的薪酬福利，保证这项工作有足够的劳动力供给。第二，要统一行业标准，同一级别（初级、中级与高级）的护理员薪酬福利一致，这样就避免了他们因为薪酬福利的高低而在不同护理站之间流动。第三，要根据劳动法，给予周末或节假日上门服务的护理员双倍工资，且要确保护理员享有探亲休假的权利。

（4）将部分家庭照料者转为护理员。由于护理员的上门服务时间最多为每周7小时，所以长护险所提供的护理服务只能在一定程度上减轻家庭照料者的压力。而由于家庭照料者与老年人的关系更加亲密，对老年人的需求最为了解，因而可以通过培训让一部分工作压力不大且身体状况较好的家庭照料者转为专职或兼职护理员。这样家庭照料者一方面可以提高照料能力，更好地照料老年人；另一方面也可以增加收入，降低因照料产生的机会成本。在这方面可以借鉴荷兰和美国的经验。在美国，从政府角度来说，对获得报酬的家庭成员与正式的护理者并不作区分，尽管对前者要求较松。例如，在美国加利福尼亚州的"居家支持服务项目"中，40%的雇佣者与受惠者本身有亲戚关系；另外，30%为朋友、邻居或者受惠人熟悉的其他人。在荷兰，60%的工作者为雇佣者的家庭成员、朋友或者他认识的人。[①] 但值得注意的是，这些转为护理员的家庭照料者仍然需要喘息服务，以缓解照料压力。

---

① 《大城养老》编委会编：《大城养老——上海的实践样本》，上海人民出版社2017年版，第120页。

长护险是在人口老龄化过程中应对老年人高龄化、失能化以及家庭护理功能弱化的必要选择，是将失能老年人护理从家庭照护转向社会照护的重要制度安排。因此，我国可以考虑将长护险定位为在养老、医疗、工伤、失业、生育五项社会保险之外的第六险种。①但我们不能只从保险学或社会保障的角度完善长护险制度，还应特别关注长护险制度实施中的宣传、评估与服务，以实现供需匹配，真正使长护险成为老有所依的屏障。

三、实施全面而灵活的照料者支持策略

除了长护险这一间接照料者福利之外，如第四章所述，我国也已经有一些直接照料者福利。未来可以借鉴国外经验，构建更为全面而灵活的照料者支持策略，改变直接照料者福利比较少且只是在小范围内开展的现状，使照料者获得更加有效的支持。

（一）喘息服务

1. 以居家喘息服务为主

从喘息服务的国外实践来看，目前有三种主要的喘息服务——居家喘息服务、日间照料服务和机构喘息服务。相比较而言，居家喘息服务更受欢迎，因为老年人通常更喜欢熟悉的家庭环境；老年人不会误以为家属甩包袱，不想照料他了；居家喘息服务没有接送老年人的成本，避免了接送途中的风险。哈泽尔（P. L. Hazell）等人的研究表明，相对于居家喘息服务，利用非居家式喘息服务的照料者具有更高的照顾负担。②所以，未来可以重点发展居家喘息服

---

① 马福云：《探索建立全国统一的长期护理保险制度》，载《开放导报》2018年第6期。
② P. L. Hazell, et al., Children with Disruptive Behaviours Ⅱ: Clinical and Community Service Needs, 1 *Journal of Paediatrics and Child Health* 38 (2002), pp. 32-40.

务，而且可以借鉴国外的经验，专业护理人员除了上门陪伴老年人，还可以带老年人短时间外出，这样既可以使照料者喘口气，也可以使老年人接受专业照料服务。值得注意的是，居家喘息服务缺乏机构集中养老的优势，由于服务对象的分散性，需要以庞大的专业护理人员队伍为前提。

2. 同时考虑家庭照料者与老年人的需求

埃文斯（David Evans）通过文献分析提出，喘息服务的对象应同时包括家庭照料者及照料对象，两者可通过不同方式从中获益。其中，家庭照料者可从中获得暂时性的自由、缓解与鼓舞并可以帮助满足其个人及社会化需求；照料对象主要满足于不同方式的时间消耗、社会化及活动需求。① 因此，不同形式的喘息服务都应该同时考虑二者的需求，即成功的喘息照料应同时强调对家庭照料者和照料对象的积极作用。实际上居家喘息服务更受欢迎的主要原因就在于这一支持策略既受到家庭照料者的认可，也受到老年人的认可。② 专业护理人员上门提供的喘息服务可以使家庭照料者与老年人同时受益，当然这需要他们具备更高的专业技能，能同时满足二者的需求。

3. 有针对性地提供喘息服务

陈翠芳、黄涟华（Chen & Huang）对家庭照料者从喘息服务中所感受到的收益高低进行研究，认为由高到低依次为照顾工作、心理情绪压力、家庭角色功能、生理健康及社会关系。该研究补充了

---

① David Evans, Exploring the Concept of Respite, 8 *Journal of Advanced Nursing* 69 （2013）, pp. 1905-1915.
② Linda Pickard, *The Effectiveness and Cost-effectiveness of Support and Services to Informal Carers of Older People: A Review of the Literature Prepared for the Audit Commission*, London: Audit Commission, 2004.

前人相关研究成果，提示服务提供者及政府相关部门可更加关注对收益感知较低的居家喘息服务领域。[1] 也就是说，未来应加强对家庭照料者生理健康及社会关系的支持，如提供每年一次的免费体检，治疗费用优惠，帮助其维系既有的社会关系以及拓展新的社会关系等。除此之外，还应有针对特定疾病的喘息服务、特定时间的喘息服务等，以丰富喘息服务的类型，满足家庭照料者多层次的需要。[2]

4. 加强对喘息服务的支持

喘息服务的发展与完善需要各方支持。从政府层面来说，需要给予政策与资金上的支持。有学者认为，我国尚未出台与喘息服务相关的地方标准和保障政策，因此应尽快制定出适合我国国情、符合各地方实际情况的《居家养老喘息服务的地方标准》，对需要照顾的老人设立完善的照顾等级体系，并对喘息服务的准入程序、准入标准、实施标准、服务项目及收费标准等都进行明确的规定，从而确保公共资源公平分配和有效使用。[3] 笔者认为，喘息服务最好并入即将全面实施的长护险制度，利用其已经建立的老年照护统一需求评估标准和稳定的资金来源。当然还应建立对照料者的全面的评估机制，这样才能根据失能老年人及其照料者的状况提供有针对性的喘息服务。

从社区层面来说，社区应该积极宣传喘息服务，因地制宜盘活资源，发挥自身的主观能动性，以社区居家养老服务中心为提供喘息服务的支点，依托辖区机构养老资源优势，构建社区喘息服务网络；建

---

[1] T. F. Chen, L. H. Huang, Caregiver Efficacy and Efficacy Determinants for Elderly Care Recipients Who Accept Home Respite Care in Taiwan, 1 *The Journal of Nursing Research* 18 (2010), pp. 18-25.
[2] 曾莉、周兰姝：《喘息服务发展现状及对我国护理工作的启示》，载《中国实用护理杂志》2010年第12期。
[3] 陈际华、卞海琴：《社会支持理论下喘息服务介入失能老人家庭照顾问题研究》，载《经济研究导刊》2018年第7期。

立长期性、专业性的服务者队伍；倡导邻里互助。① 社区提供的喘息服务是最为便捷的，一来老年人及其照料者不用离开社区，二来喘息服务的成本相对可控。但目前我国社区层面的养老服务还不够专业，未来还需不断培育。

(二) 培训与咨询

专门针对家庭照料者的培训与咨询未来还需要进一步发展。在培训方面，除了现有的培训内容外，还可以对家庭照料者进行舒适护理培训。"舒适护理"的概念于 1995 年首先由美国学者科尔卡巴（Katharine Y. Kolcaba）提出，他认为舒适护理是整体护理模式和新型护理模式的整合，是作为整体护理的过程和追求的结果。② 1998年，我国台湾地区学者萧丰富进一步提出舒适护理模式，他认为护理活动最终目标的设定是为病人创造舒适的最佳状态，使病人在身体、心理、社会和精神方面均处于良好状态，以达到多方面舒适，促进疾病康复，尽快适应社会。③ 舒适护理的内涵包括身体舒适、心理安慰、社会舒适和精神慰藉四个方面。其中，身体舒适指的是身体最直接的感觉，病人对身体舒适方面的需求是舒适护理中首要满足的条件之一；心理安慰是指病人的心理感受，包括平和的心态、愉悦的心境等心理状态；社会舒适是指家庭、人际关系、就业、学校等多个层面给人带来的舒适，作为护理人员应帮助病人获得更广泛的社会支持；精神慰藉又称"灵魂安慰"，指的是个人信念或宗教

---

① 陈际华、卞海琴：《社会支持理论下喘息服务介入失能老人家庭照顾问题研究》，载《经济研究导刊》2018 年第 7 期。
② Katharine Y. Kolcaba, The Art of Comfort Care, 4 *Journal of Nursing Scholarship* 27 (1995), pp. 287-289.
③ 萧丰富：《萧氏舒适护理模式》，台湾华杏出版社 1998 年版，第 5 页。

信仰等方面带来的舒适。① 舒适护理虽然主要由专业护理人员运用于医院，但也可以由普通人掌握后运用于家庭照料。由此可以提高家庭照料的水平，使失能老年人保持较好的身心状态，同时也可以使照料者增加信心，更积极地照料老年亲属。

澳大利亚政府在全国开设了 54 家喘息服务与照料中心，专门为照料者提供他们所需的信息和各种咨询服务。为了帮助照料者及缓解他们在精神上的压力，澳大利亚设立了全国免费的咨询电话，由专业人员提供各种所需的帮助。② 我国社区"养老顾问"的实践刚刚开始，且主要针对老年人，未来可以借鉴国外经验，进一步完善咨询服务。从节约成本的角度，可以采用电话咨询或者网上咨询的方式，为家庭照料者提供多方面的咨询。既包括针对老年人的咨询（如社区养老资源咨询、老年人福利政策咨询等），也包括针对照料者自身的咨询（如照料知识与技能咨询、心理咨询、就业咨询、照料者福利政策咨询等），从而最大限度地减少家庭照料者的焦虑与孤独，提高其生活质量。

（三）支持群体

日本的松本市自 1999 年起开展了失能老年人家庭照料者的支持群体项目。家庭照料者的需求包括：获知关于健康与福利服务的信息；学习照料技能；与其他照料者互动；通过与其他人交流减轻与照料相关的痛苦。针对这些需求，项目组（由 4—8 个家庭照料者、2—3 个社区领袖、1 个社区福利总部的协调员、1 个来自居家照料服

---

① 毛智慧、张欢、孙晓婷等：《舒适护理及其影响因素的研究进展》，载《护理研究》2017 年第 5 期。
② 王上、李珊：《国外喘息服务的发展及对我国居家养老的启示》，载《东北师大学报（哲学社会科学版）》2014 年第 6 期。

务部门的照料干事和1个公共健康护士组成）开展了一系列活动，并取得了积极的成效。一方面增强了照料者应对困境的能力（即赋权），另一方面也促进了加重照料负担的传统与文化规范向支持社会服务使用的新规范的转变（见图5-1）。①

如图5-1所示，当照料者从独自照料走向支持群体之后，在群体活动中，他们从一开始在怀疑周围环境的情况下获得关于照料的有用信息，到彼此谈论真实的意图并认识到其他人在照料中遇到的困难、彼此感觉很亲近并相互支持，于是他们从孤立的感觉、从照料失能老年人的义务感与负罪感中释放出来，认识到自己的照料处境比其他人好并加强了继续照料失能老年人的意愿，同时感觉项目成员的照料经验对其他成员有用，最终他们采取行动改变社区成员心中与家庭照料和正式服务使用相关的社会规范的消极意识。可见，日本的支持群体项目对于家庭照料者走出困境重获信心、改变不合理的社会规范有着积极作用。

我国目前还比较缺乏专门的照料者支持群体项目，照料者还不能在一起分享经验与宣泄情绪，因此他们难以获得同伴的支持，并在支持中实现自身的解压与成长。未来可以在社区中大力推广支持群体项目，具体做法包括：第一，专业人员邀请那些认为照料老年人是家庭事务，以及不喜欢和他人谈论自己照料经历的照料者参加项目是比较困难的。因此，专业人员必须识别社区中孤立的照料者，尊重照料者的处境，私人邀请他们到项目组里来，有些时候也可以让那些了解照料者的人发出私人邀请。第二，在照料者开始参与项

---

① Yumiko Momose, *et al.*, A Trial to Support Family Caregivers in Long-Term Care Insurance in Japan: Self-Help Groups in Small Communities, 6 *Home Health Care Management & Practice* 15（2003）, pp. 494-499.

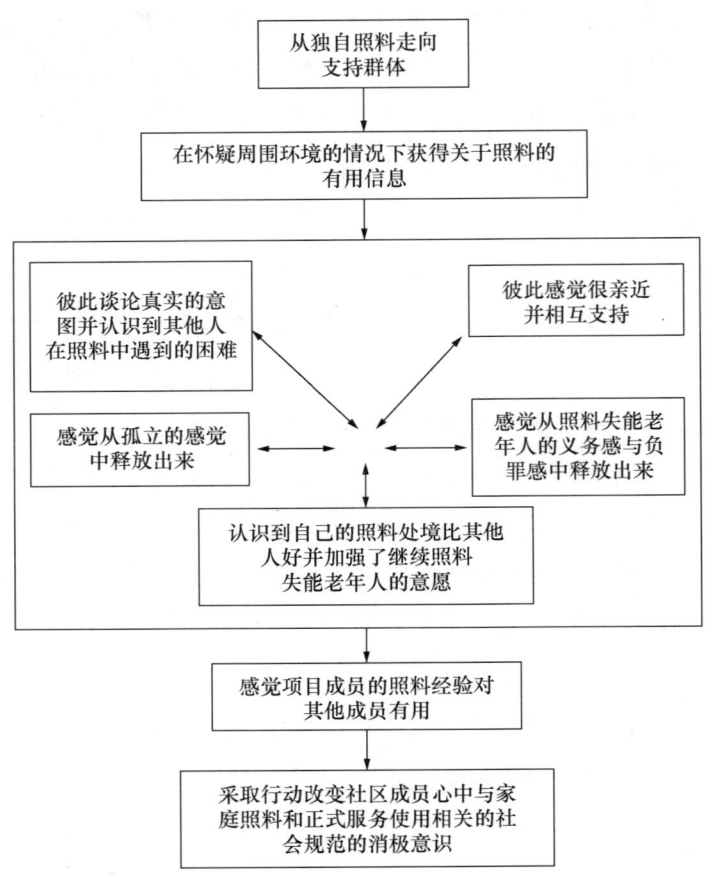

图 5-1　家庭照料者在参与支持群体项目中发现意义的过程
资料来源：Yumiko Momose, *et al.*, A Trial to Support Family Caregivers in Long-Term Care Insurance in Japan: Self-Help Groups in Small Communities, 6 *Home Health Care Management & Practice* 15 (2003), pp. 494-499。

目后，专业人员必须支持照料者，鼓励他们与其他成员交流。除此之外，在照料者需要的任何时候给他们提供恰当的信息也是非常重要的。第三，当照料者把他们的目光投向社区时，专业人员必须鼓励他们并让他们有机会向社区成员解释他们的照料活动和问题。第四，专业人员应努力就从支持群体项目中发现的社区照料问题与政府决策者沟通，由此解决家庭照料者的困难。总之，对于大多数家庭照料者来说，支持群体通过群体成员的内部交流能有效地减轻他们的照料负担，未来可以通过社工机构开展更多的支持群体项目。

（四）改善照料者的人际关系

由于家庭照料者在照顾工作中投入了大量的时间和精力，势必会引起家庭动力学的改变，表现为家庭成员关系紧张。因此，需要专业人员（主要是家庭社工）介入，帮助照料者改善人际关系。

1. 照料者与老年人关系的改善

一般来说，照料者与老年人因为长期共同的生活经历而有着深厚的感情基础。但是，长期照料失能老年家属会使照料者不堪重负，焦虑、烦躁、无助的负面情绪积压使得照料者无法时刻耐心温和地对待老年人，而失能老年人由于身体状况不佳减少了与外界的接触，变得敏感脆弱，照料者的言语稍有不当就会往心里去，从而导致两者的矛盾。照料者轻则对老年人不理不睬，重则虐待或准备送老年人去养老院。因此，应从家庭社会工作的角度，融洽照料者与老年人的关系，一方面让他们回忆以往家庭生活的温馨，珍惜现在的相处；另一方面促使他们能站在对方的角度思考问题，努力通过多种方式减轻孤独与压力，如利用喘息服务，既使老年人接触专业护理人员的照料，重新与外界建立联系，也使照料者有时间放松身心，满足自己的需求。

2. 照料者与其他家庭成员的关系改善

照料者与其他家庭成员的关系分为两种：一种是主要照料者与其他照料者的关系，另一种是主要照料者与其他照料对象的关系。第一种关系处理不当有两方面原因，一是主要照料者很少得到其他照料者的支持或者认为自己得到的支持很少,由此心理不平衡;二是其他照料者埋怨主要照料者没有照顾好老年人。缺乏来自其他照料者的支持与肯定会导致主要照料者的不满,进而与其他照料者的关系恶化。第二种关系处理不当主要是因为照料者由于照料老年人而忽略了其他照料对象,后者对主要照料者产生不满,主要照料者由此陷入角色冲突之中,照料老年人的动力减弱。因此,应从家庭社会工作的角度,建议和促进家庭会议的召开,调整照料责任在主要照料者与其他照料者之间的分配,其他照料者需要给予主要照料者更多的支持(出钱或出力)、更多的肯定。而对于其他照料对象,则要争取他们的理解和支持,或者通过购买社会服务的方式满足他们的需求。

3. 照料者与外界关系的改善

照料者因为照料失能老年人而长期被困于家中,不仅与原有的社会交往对象(亲戚、朋友、同事、同学、邻居等)疏于往来,关系淡化,而且也无法开拓新的社会关系。这样就使照料者变得孤立无援,觉得自己和失能老年人都被社会抛弃了。因此,应从社会工作的角度,加强对照料者的社会支持,包括正式支持(如村居委的慰问等)与非正式支持(如志愿者的关心等),使照料者觉得照料老年人是一件有意义的事,很多人都会帮助自己。而未来在其他照料者需要支持的时候,自己也会帮助他们。

(五)灵活的工作安排

有工作的照料者在照料失能老年人的过程中必然会面临照料者与职业人之间的角色冲突,而解决这类角色冲突通常需要国家与用人单位的支持。

第一,照料假。如前文所述,德国、比利时、日本、美国已有照料假方面的法律政策，只是在受益人群、是否带薪、时间长短等方面有所不同。实际上，照料假最为核心的问题是假期中照料者是否还能获得原有的大部分收入，否则即便有时间照料失能老年人，但因为收入的下降或完全丧失，照料者与失能老年人的生活质量都会下降。在加拿大，为帮助职工尤其是女性职工平衡工作和家庭的冲突，政府推出了"时间购买计划"，即"四一工作计划"（职工每工作四年可休假一年），职工可自愿参加。该计划是一种以年为单位进行的工作时间分割形式。职工若同意加入，银行会为其开设专门账户，在四年工作期间，职工每月领取工资的80%，剩下的20%存入专门账户，这部分延付工资和利息将是第五年的收入来源。为鼓励职工加入该计划，政府对其存入银行的20%工资实行免税政策，并通过法律保障参加该计划的职工在休假一年后能够回到原单位的原岗位。[①] 加拿大的这一做法可以为我们所借鉴，因为工作的四年与休假的一年照料者的收入没有变化，甚至因为利息与免税，休假一年的收入还略高一些，从而保证了生活质量。我国真正意义上的照料假目前只有少数地方才有。例如，河南省2016年修正后的《河南省人口与计划生育条例》第31条规定，独生子女父母年满60周岁后，生病住院治疗期间，给予其子女每年累计不超过20日的护理假，护理假期间视为出勤。从全国范围来看，目前普遍实施的仍然是探亲假。《老年人权益保障法》第18条第3款规定："用人单位应当按照国家有关规定保障赡养人探亲休假的权利。"但1981年施行的《国务院关于职工探亲待遇的规定》一直没有修订，而且只针对国家机关、人民团体和全民所有制企业、事业单位工作满一年的固

---

① 马焱、张黎：《对女性老年家庭照料者提供公共政策支持的国际经验借鉴》，载《山西师大学报（社会科学版）》2013年第2期。

定职工，外企与民企的职工无法享有探亲休假的权利。需要注意的是，探亲假不同于照料假，其通常不超过一周，对工作的影响不大，而作为一种单位福利，用人单位一般会报销来回路费，工资照发。而照料假由于耗时较长，对工作的影响较大，在目前劳动力供大于求的情况下，用人单位不可能将其作为单位福利，员工需要照料失能老年人可以辞职而不是休假，因为用人单位不会承担照料假造成的经济损失。

第二，灵活工作制。除了长时段的照料假之外，在没有休假的时候，家庭照料者如何平衡照料与工作之间的关系也是一个难题，对此有些国家推出了灵活工作制。美国政府积极推行灵活工作制，主要包括：计时工作制、随叫随到制、压缩工作周制、弹性工作制、机动工作制、远程工作制等。从1998年开始，新加坡政府主办每两年一次的"亲家庭企业奖"（Family Friendly Employer Award），鼓励企业提供弹性上班工时、远距离工作等有利于员工平衡生活与工作的措施。得奖的企业雇主必须公开展示、说明其做法及效果，以供其他企业学习仿效。[①] 英国2006年通过的《工作和家庭法案》规定，当照料者的工作与照料发生冲突时，可以要求雇主提供弹性工作安排或紧急特许事假；照料者还可以选择半年至三年的无薪短期休息。[②] 我国目前也有灵活工作制，如错开上下班时间、远程上班等，但这些措施的主要目的不是为了帮助员工协调工作与家庭的关系，而是为了解决交通拥堵。因此，未来应提倡用人单位对部分员

[①] 何勤、陶秋燕、刘宇霞：《工作—家庭平衡问题国际比较研究》，载《北京联合大学学报（人文社会科学版）》2010年第1期。
[②] 马焱、张黎：《对女性老年家庭照料者提供公共政策支持的国际经验借鉴》，载《山西师大学报（社会科学版）》2013年第2期。

工（如需要兼顾工作与家庭的员工、路程较远的员工等）采取灵活工作制，将其作为人性化管理的一个重要方面。

综上所述，未来政府应出台相关的法律政策，要求或鼓励用人单位实施灵活的工作安排，为家庭照料者更好地协调工作与照料的关系提供便利。当然，由于我国目前经济发展水平不高，而劳动力相对充足，可以暂时不考虑带薪休假。

（六）经济补偿

为了弥补因家庭照料导致的照料者经济利益受损，包括实际的与可能的受损，后者即机会成本，可以采取就业、补贴或优惠、税收减免三种方式。就业比较罕见，如前文所述的瑞典。但我国仍可以考虑在长护险制度中，通过培训让一部分工作压力不大且身体状况较好的家庭照料者转为护理员，这样他们就可以得到一定的收入。

补贴或优惠与税收减免比较常见，这里先谈补贴或优惠。在日本如果卧床老年人需要特殊设备，政府予以提供；其护理保险制度在"家人护理"上也有规定，即根据一定的条件对护理自家老年人的人支付"慰劳金"。[①] 在加拿大，每周照料时间超过 20 小时的照料者可获得每两周 90 加元的免税津贴，低收入的照料者可获得更多补贴。[②] 澳大利亚政府通过照护人津贴和照护人补助为照护人提供经济支持。根据照护者家庭情况的不同，最多可以得到每人每两周 877.1 澳元的资助。照护人津贴是无论照护者是否有收入，只要为残

[①] 李俊：《赡养福利与我国空巢老年人家庭的子女精神赡养》，载《人文杂志》2016 年第 5 期。
[②] Janice Keefe, *et al.*, Developing New Strategies to Support Future Caregivers of Older Canadians with Disabilities: Projections of Need and Their Policy Implications, S1 *Canadian Public Policy* 33 (2007), pp. S65-S80.

疾人、老年人等提供日常照护，均可得到的资助。照护者每照护1人，每两周可得到123.5澳元。照护人补助是给独自在家为严重残疾的人、老年人等提供长期（大于六个月）照护的人给予的资助，获得该项资助的人要进行资产评估。① 显然，照护人补助多于照护人津贴。在德国，被照料者可以在实物福利（正式的家庭照料服务）、现金福利或两者的混合体中间选择。福利给予不需要以收入评估为前提。实物福利包括正式家庭照料服务的直接提供。正式照料提供者由长期照料保险直接补偿。现金福利从最低的205欧元（照料等级一）到最高的665欧元（照料等级三），可以用来补偿家庭照料者。现金福利既没有指定其用途也没有监控其使用。② 借鉴国外经验，我国未来可以给予家庭照料者现金补贴，但需要经过评估，评估指标包括家庭收入、照料者收入、照料者是否因照料放弃了工作等。除此之外，还可以给予家庭照料者住房、护理等方面的补贴或优惠。在住房方面，如果是商品房，可以给予家庭照料者购房补贴、降低首付比例与贷款利率等；如果是保障性住房，可以让家庭照料者优先购买或租赁。在护理方面，可以由政府免费提供卧床老年人需要的特殊设备。

国外还通过税收调控（如减免个人所得税、房产税和遗产税等）的方式鼓励家庭成员照料老年人。此处仅以个人所得税为例。个人所得税是世界各国都十分重视并普遍开征的税种，其重要作用主要体现在两个方面：筹集财政收入和调节个人收入。在调节个人收入

---

① 王然：《美、澳发展"喘息服务"的经验和启示》，载《中国社会报》2017年6月26日第7版。
② J. Geyer, T. Korfhage, Long-term Care Insurance and Carers' Labor Supply: A Structural Model, 9 *Health Econometrics* 24 (2015), pp. 1178-1191.

方面，除了缩小贫富差距、对经济起到"自动稳定器"的作用之外，其还可作为一种利益引导机制，促进社会成员实施维护社会正义和公序良俗的行为。在日本、韩国等重视老年人赡养的亚洲国家，对于愿意与父母同住的子女减免其个人所得税。例如，韩国对于需要赡养男60岁、女55岁以上直系亲属的纳税人，每年可扣除48万韩元的所得税。① 而在强调养老是国家责任的美国，近年来也通过调整个人所得税的方式鼓励子女赡养父母。在2010税务年度，当年因赡养父母而享受税务减免的数额为每人3650美元；到2011年，减免数额上升到每人3700美元。② 我国于2018年年底开始实施《个人所得税专项附加扣除暂行办法》，其中第22条规定："纳税人赡养一位及以上被赡养人的赡养支出，统一按照以下标准定额扣除：（一）纳税人为独生子女的，按照每月2000元的标准定额扣除；（二）纳税人为非独生子女的，由其与兄弟姐妹分摊每月2000元的扣除额度，每人分摊的额度不能超过每月1000元。可以由赡养人均摊或者约定分摊，也可以由被赡养人指定分摊。约定或者指定分摊的须签订书面分摊协议，指定分摊优先于约定分摊。具体分摊方式和额度在一个纳税年度内不能变更。"可见，这一办法在鼓励子女赡养父母方面的作用十分有限，一方面是因为扣除的额度非常少，另一方面是因为没有考虑主要照料者需要更多的税收减免，如两个子女，一个是主要照料者，他或她应该减免1500元，而不是现在的1000元。如在新加坡，与年迈父母同住的纳税人所享有的扣税额为5000新加坡

---

① 王晓琴：《关于老年人精神赡养的案例评析》，载《山西农业大学学报（社会科学版）》2014年第8期。
② 张东秀：《美国：赡养父母福利多》，载《老同志之友》2014年第11期（下）。

元。① 此外，这一办法只考虑了需要纳税的子女照料者，而没有考虑需要纳税的配偶照料者及其他非正式照料者。因此，未来还需要进一步完善相关法律政策。

（七）对特殊照料者的支持

除了对一般家庭照料者的支持之外，还应加强对特殊照料者的支持，因为他们在照料中往往面临更多的困难，需要更多的帮助。首先是对阿尔茨海默病患者照料者的支持。阿尔茨海默病患者的临床表现为记忆障碍、失语、失用、失认、视空间技能损害、执行功能障碍以及人格和行为改变等。通俗地讲，阿尔茨海默病患者近期记忆力有障碍、不会计算、表情淡漠、多疑、暴怒、大小便失禁、面容失认等。前期需要24小时有人盯着，重度时卧床，生活不能自理，每年看病买药请保姆等开支需7万—8万元。对于阿尔茨海默病患者的家庭照料者而言，一方面无法与老年人正常交流，久而久之会感到孤独、抑郁；另一方面还要承受他们的各种症状，甚至是对自己的伤害。由此，除了沉重的经济压力和体力透支之外，大多数家庭照料者还有不同程度的情绪障碍。为此，很多国家的法律政策特别强调对这类家庭照料者的支持，如澳大利亚2006年颁布了《老年痴呆者居家照护法案》。近年来，我国人口高龄化的特征凸显，阿尔茨海默病患者的数量也将持续增长。所以，亟须尽快出台支持阿尔茨海默病患者家庭照料者的法律政策。

其次是对女性照料者的支持。传统的性别分工（"照料是女性的天然职责"）使得女性成为主要的家庭照料者，但随着越来越多的女

---

① 严晓萍：《老龄化背景下社会养老政策支撑体系研究》，载《中国市场》2013年第23期。

性获得教育并参与劳动力市场，女性在家庭照料者与职业人士之间的角色冲突不可避免。因此，女性照料者比男性照料者需要获得更多的支持，包括客观的支持（如喘息服务、经济补偿等）和主观的支持（如倡导孝道与男女平等，鼓励更多的男性家庭成员参与照料等）。西方一些发达国家和地区率先进入老龄社会，对家庭照料者提供公共政策支持一直是其应对人口老龄化的重要方面，其中关注女性照料者，为女性照料者的发展提供帮助和支持已经成为其制定老年照料政策的重要考虑因素。[①] 我国的法律政策也需要强调对女性家庭照料者的支持，使她们不因承担家庭责任（如照料老年人）而丧失自我发展的机会。其他需要特别支持的家庭照料者还包括社会经济地位较低的照料者、未成年人和老年人照料者等。

  在全球人口老龄化快速发展的过程中，大多数国家都没有放弃或开始承担养老领域的国家责任，这既表现为直接承担养老责任，也表现为通过支持家庭照料者间接承担养老责任。中国政府非常重视直接责任的承担，如近十年来机构养老与社区养老的迅速发展，未来还需要进一步加强间接责任的承担，即制定承认和保护照料者权利的法律政策、合理构建长护险制度以及实施全面而灵活的照料者支持策略，使家庭养老能够在老年人长期照料中继续发挥其中坚作用。

[①] 马焱、张黎：《对女性老年家庭照料者提供公共政策支持的国际经验借鉴》，载《山西师大学报（社会科学版）》2013年第2期。

附　录

上海市老年人长期照料调查问卷（照料者卷）

尊敬的先生/女士：

您好！本调查主要是为了了解上海市老年人长期照料的现状，调查数据将用于完善上海市老年人长期照料支持政策。希望您能抽出宝贵时间，提供真实信息，调查不记名，答案无对错之分。问卷中的问题如无特别说明，均为单选题，请您直接在选项上打√。感谢您的支持和合作！

华东政法大学调查研究中心

2017-01-01

过滤问题

G1. 您照料老人的总时间为_____年___月（三个月以上继续填答）？

G2. 您是老人的主要照料者吗？

  A. 是（继续填答）   B. 否

G3. 您对老人的照料是否可以获得报酬？

  A. 是   B. 否（继续填答）

1. 老人是您的＿＿＿＿＿＿＿＿（填称谓即可）
2. 请问下列哪种照顾安排最符合您目前的情况？

    A. 您一人照顾　　　　　　B. 有亲人协助您一起照顾

    C. 有全天保姆或钟点工协助您一起照顾

3. 您目前与老人

    A. 不同住（请跳答第5题）　B. 同住，而且同房间

    C. 同住，但不同房间

4. 如果同住，＿＿＿＿＿＿＿

    A. 在最近三个月内，您平均**每天**照料老人的时间为＿＿＿＿小时

    B. 只在老人需要的时候提供照料

5. 如果不同住，＿＿＿＿＿＿＿

    A. 在最近三个月内，您平均**每周**照料老人的时间为＿＿＿＿小时

    B. 只在老人需要的时候提供照料

6. 如果不同住，您从家中到达老人家平均需要多少时间？＿＿＿＿＿＿小时＿＿＿＿＿＿分钟

7. 除了老人外，您还需要照顾＿＿＿＿＿＿个人（包括子女、亲戚等）

8. 您是否感到照料老人与照料其他人相冲突？

    A. 经常　　　　B. 偶尔　　　　C. 从来不

9. 在照料老人之前，您的就业状况如何？

    A. 全职就业　　　　　　　B. 兼职就业

    C. 零星就业（散工）　　　D. 失业

    E. 退休　　　　　　　　　F. 读书

    G. 从未工作过

10. 您现在的就业状况如何？

A. 全职就业　　　　　　B. 兼职就业

C. 零星就业（散工）　　D. 失业

E. 退休　　　　　　　　F. 读书

G. 从未工作过

11. 您是否感到照料老人与就业或读书相冲突？

A. 经常　　　　B. 偶尔　　　　C. 从来不

12. 根据您家目前的经济状况，您在以下方面是否有困难？（请在相应空格内打√）

	是	否
1）老年人日常生活		
2）老年人看病买药		
3）购买老年人所需的硬件设备		
4）购买社会服务（请钟点工、护工等）		
5）老年人文化娱乐生活		

13. 您是否了解照料老人的相关知识（如日常护理、应急抢救、心理疏导等）？

A. 完全不了解　　　　　B. 不太了解

C. 一般　　　　　　　　D. 比较了解

E. 非常了解

14. 目前您在多大程度上愿意照料这位老人？____分（0—10 给分，0 为不愿，10 为非常愿意）

15. 如果这位老人将来**完全不能自理**，您的照料意愿为_____分（0—10 给分）

16. 如果老人**愿意**去养老院，您会送他或她去吗？

A. 会　　　　　　　B. 不会　　　　　　C. 没想好

17. 如果老人**不愿意**去养老院，您会送他或她去吗？

A. 会　　　　　　　B. 不会　　　　　　C. 没想好

18. 你对老人的照料是因为：第一原因_____；第二原因_____；第三原因_____

A. 觉得有责任照料他

B. 自己照料可以减轻家庭经济压力

C. 除了我没有人照料他

D. 和他有感情，照料他让我很开心

E. 对他以前付出的回报

F. 对别人照料不放心

G. 怕别人讲自己不孝、没有亲情

H. 其他（请注明）_____

19. 针对您对老人的照料，请在每条陈述后的相应空格内打√：

	没有	偶尔	有时	经常	总是
1）您是否认为，您所照料的老人会向您提出过多的照顾要求？					
2）您是否认为，由于照料老人会使自己时间不够？					
3）您是否认为，在照料老人和努力做好家务及工作之间，您会感到有压力？					
4）您是否认为，因老人的行为而感到为难？					
5）您是否认为，有老人在您的身边而感到烦恼？					
6）您是否认为，照料老人已经影响到了您和您的家人与朋友间的关系？					
7）您是否认为，对未来感到担心？					
8）您是否认为，老人依赖于您？					

(续表)

	没有	偶尔	有时	经常	总是
9）当老人在您身边时，您感到紧张吗？					
10）您是否认为，由于照料老人，您的健康受到影响？					
11）您是否认为，由于照料老人，您没有时间办自己的私事？					
12）您是否认为，由于照料老人，您的社交受到影响？					
13）您有没有由于老人在家，放弃请朋友来家的想法？					
14）您是否认为，老人只期盼您的照顾，您好像是他/她唯一可依赖的人？					
15）您是否认为，您没有多余的钱用于照料老人？					
16）您是否认为，您有可能花更多的时间照料老人？					
17）您是否认为，开始照料老人以来，按照自己的意愿生活已经不可能了？					
18）您是否希望，能把老人留给别人来照顾？					
19）您对老人有不知如何是好的情形吗？					
20）您是否认为，应该为老人做更多的事情？					
21）您是否认为，在照料老人上您能做得更好？					
22）综合看来您怎样评价自己在照料老人上的负担？	无	轻	中	重	极重

20. 您认为照料老人是谁的责任？

    A. 仅仅是家庭的责任　　　　B. 主要是家庭的责任

    C. 家庭与社会的共同责任　　D. 主要是社会的责任

    E. 仅仅是社会的责任

21. 当得知有人遗弃或虐待老人时，您会？

    A. 非常愤怒　　　　B. 比较愤怒　　　　C. 无所谓

22. 您对传统孝道是什么态度？

A. 非常认同　　B. 比较认同　　C. 一般　　　D. 不太认同

E. 很不认同

23. 您对于赡养老人的相关法律规定（如《宪法》第 49 条规定，成年子女有赡养扶助父母的义务）是什么态度？

A. 非常认同　　B. 比较认同　　C. 一般　　　D. 不太认同

E. 很不认同

24. 您认为照料老人是女性的责任吗？

A. 是，女性应该照料老人

B. 主要是女性的责任

C. 不是，男性也应该照料老人

25. 您所在的社区有养老服务吗？（如送餐、助浴、护理等）

A. 有，使用过　　　　　　　B. 有，没有使用过

C. 没有　　　　　　　　　　D. 不清楚

26. 总体上说，您对所在社区的养老服务是否满意？

A. 非常满意　　B. 比较满意　　C. 一般　　　D. 不太满意

E. 很不满意

27. 在您开始照料老人之前，您和老人之间的关系如何？

A. 非常好　　　B. 比较好　　　C. 一般　　　D. 不太好

E. 很不好

28. 目前，您和老人之间的关系如何？

A. 非常好　　　B. 比较好　　　C. 一般　　　D. 不太好

E. 很不好

29. 从总体上说，您是否满意自己现在的生活？

A. 非常满意　　B. 满意　　　　C. 一般　　　D. 不满意

E. 非常不满意

30. 请根据您对以下照料者支持政策的期望程度,在相应空格内打√:

支持老人照料者的政策	很期待	较期待	一般	无所谓
1)希望政府提供丰富廉价的居家养老服务(如送餐、助浴等)				
2)希望政府在我家附近多办些老年人日间服务中心				
3)希望政府提供短期全托的"喘息服务"(3天至1个月)				
4)希望政府为我提供休假保证(如探亲假、照料假等),使我有时间照料老人				
5)希望政府为我提供照料技能培训				
6)希望政府为我提供紧急救助(如在我生病、老人发生异常等情况时)				
7)希望政府为我提供照料者心理咨询与疏导				
8)希望政府为我提供照料津贴				
9)希望政府为我提供促进老人与子女共同居住的相关优惠(如降低首付比例等)				

基 本 信 息

31. 您的性别是_____

　　A. 男　　　　　　　　　B. 女

32. 您出生于_____年

33. 您的文化程度是_____

　　A. 文盲与半文盲　　　　B. 小学

　　C. 初中　　　　　　　　D. 普通高中

　　E. 职业高中/中专/技校　F. 大学专科

　　G. 大学本科　　　　　　H. 研究生及以上

34. 您目前的婚姻状况是_____

　　A. 从未结过婚　　　　　　B. 已结婚并有配偶

　　C. 丧偶　　　　　　　　　D. 离婚

　　E. 分居未离婚　　　　　　F. 在一起生活但是没有领证

35. 您是否有子女？

　　A. 是，有____个，其中不满18岁的子女有____个

　　B. 否

36. 您在开始照料老人前，自己的健康状况如何？

　　A. 非常好　　B. 好　　　　C. 一般　　　D. 差

　　E. 非常差

37. 您现在的健康状况如何？

　　A. 非常好　　B. 好　　　　C. 一般　　　D. 差

　　E. 非常差

38. 您是否有宗教信仰？如有，信什么教？

　　A. 没有宗教信仰

　　B. 传统中国民间信仰（拜祖先、拜土地公公等）

　　C. 基督教　　D. 天主教　　E. 伊斯兰教　　F. 佛教

　　G. 道教　　　H. 其他（请注明）_____

上海市老年人长期照料调查问卷（老年人卷）

尊敬的先生/女士：

　　您好！本调查主要是为了了解上海市老年人长期照料的现状，调查数据将用于完善上海市老年人长期照料支持政策。希望您能抽

出宝贵时间，提供真实信息，调查不记名，答案无对错之分。问卷中的问题如无特别说明，均为单选题，请您直接在选项上打√。感谢您的支持和合作！

华东政法大学调查研究中心
2017-01-01

过 滤 问 题

G1. 请问您生于_____年（1956年及之前出生的老人继续填答）

G2. 请问您在上海连续居住了多长时间？

    A. 少于一年　　　　　　　　B. 一年以上（继续填答）

1. 日常生活活动能力量表（请在符合您情况的空格内打√）

项目	独立	部分独立或需部分帮助	需极大帮助	完全依赖
进食				
洗澡				
修饰（洗脸、刷牙、剃须、梳头）				
穿衣（系鞋带、纽扣等）				
大便				
小便				
用厕（擦净、整理衣裤、冲水）				
从床上到椅子上（或相反）				
平地走45米				
上下楼梯				

2. 工具性日常生活活动能力量表（请在相应选项前打√）

1) 上街购物 ☐3　独立完成所有购物需求 ☐2　独立购买日常生活用品 ☐1　每一次上街购物都需要有人陪 ☐0　完全不能上街购物
2) 外出活动 ☐4　能够自己开车、骑车 ☐3　能够自己搭乘大众运输工具 ☐2　能够自己搭乘出租车但不会搭乘大众运输工具 ☐1　当有人陪同可搭出租车或大众运输工具 ☐0　完全不能出门
3) 食物烹调 ☐3　能独立计划、烹煮和摆设一顿适当的饭菜 ☐2　如果准备好一切佐料，会做一顿适当的饭菜 ☐1　会将已做好的饭菜加热 ☐0　需要别人把饭菜煮好、摆好
4) 家务维持 ☐4　能做较繁重的家事或需偶尔家事协助（如搬动沙发、擦地板、洗窗户） ☐3　能做较简单的家事，如洗碗、铺床、叠被 ☐2　能做家事，但不能达到可被接受的整洁程度 ☐1　所有的家事都需要别人协助 ☐0　完全不会做家事
5) 洗衣服（没有洗衣机） ☐2　自己清洗所有衣物 ☐1　只清洗小件衣物 ☐0　完全依赖他人
6) 使用电话的能力 ☐3　独立使用电话，含查电话簿、拨号等 ☐2　仅可拨熟悉的电话号码 ☐1　仅会接电话，不会拨电话 ☐0　完全不会使用电话
7) 服用药物 ☐3　能自己负责在正确的时间用正确的药物 ☐2　需要提醒或少许协助 ☐1　如果事先准备好服用的药物分量，可自行服用 ☐0　不能自己服用药物

（续表）

8）处理财务能力 □2 可以独立处理财务 □1 可以处理日常的购买，但需要别人协助与银行往来或大宗买卖 □0 不能处理钱财

3. 在最近三个月内，您最经常找谁聊聊烦心的事情和开心的事情？_____（填称谓即可）

4. 在最近三个月内，若遇到紧急事情，您会最先通知谁？_____（填称谓即可）

5. 在最近三个月内，谁给予您金钱上最大的帮助？_____（填称谓即可）

6. 在最近三个月内，除靠自己照顾自己外，谁给予您日常生活上最多的照顾？_____（填称谓即可）

7. 除了主要照料者之外，还有_____个人照顾您

8. 您对主要照料者的照料是否满意？

   A. 非常满意   B. 满意   C. 一般   D. 不满意

   E. 非常不满意

9. 对于主要照料者，您最希望获得_____

   A. 经济上供养   B. 生活上照料   C. 精神上慰藉

10. 您认为照料老人是谁的责任？

   A. 仅仅是家庭的责任   B. 主要是家庭的责任

   C. 家庭与社会的共同责任   D. 主要是社会的责任

   E. 仅仅是社会的责任

11. 您可以接受在养老院养老吗？

   A. 坚决不接受在养老院养老

   B. 可以接受在养老院养老，但还是希望在家里养老

C. 家里养老和养老院养老都可以，无所谓

D. 更喜欢在养老院养老

12. 如果您以后**完全不能自理**，您希望_____

A. 在家里养老，由家人完全照料

B. 在家里养老，请护工或接受社区养老服务

C. 在家里养老，无所谓谁照料

D. 在养老院养老

E. 听家人的安排，自己无所谓

13. 您认为照料老人是子女的责任吗？

A. 当然是

B. 主要是子女的责任

C. 不主要是子女的责任，其他人也可以承担

14. 您认为照料老人是女性的责任吗？

A. 是，女性应该照料老人　　B. 主要是女性的责任

C. 不是，男性也应该照料老人

15. 请问您知道以下社区服务吗？如果知道，在最近三个月内有没有使用该社区服务？（请在相应处打√）如有，每周平均使用几个小时？

	知道以下服务吗？		最近三个月内有否使用以下服务？		每周使用服务时间（小时）
	知道	不知道	有	没有	
1）由政府提供补贴的居家养老服务	□	□	□	□	
2）由职工基本医疗保险提供的"高龄老人医疗护理"	□	□	□	□	

(续表)

	知道以下服务吗？		最近三个月内有否使用以下服务？		每周使用服务时间（小时）
	知道	不知道	有	没有	
3）社区助餐服务	□	□	□	□	
4）老年人日间服务中心（托老所）	□	□	□	□	
5）短期全托的"喘息服务"（3天至1个月）	□	□	□	□	
6）社区结对关爱服务（包括低龄老人与高龄老人结对的"老伙伴计划"）	□	□	□	□	
7）社区老年学校	□	□	□	□	
8）健身点	□	□	□	□	
9）老年活动中心（室）或社区文化活动中心	□	□	□	□	
10）其他（说明服务内容/单位等：_____）	□	□	□	□	

16. 总体上说，您对社区养老服务是否满意？

　　A. 非常满意　　B. 满意　　C. 一般　　D. 不满意

　　E. 非常不满意

17. 您最需要的服务项目有

第一需要_____；第二需要_____；第三需要_____

　　A. 日托照料　　B. 助老设施　　C. 护理保健　　D. 家务料理

　　E. 送餐　　　　F. 助浴　　　　G. 文娱活动　　H. 有人聊天

　　I. 其他（请注明）_____

18. 从总体上说，您是否满意自己现在的生活？

　　A. 非常满意　　B. 满意　　C. 一般　　D. 不满意

　　E. 非常不满意

19. 在您需要被照料之前,您和主要照料者的关系如何?

A. 非常好　　B. 比较好　　C. 一般　　D. 不太好

E. 很不好

20. 目前,您和主要照料者的关系如何?

A. 非常好　　B. 比较好　　C. 一般　　D. 不太好

E. 很不好

21. 您认为主要照料者的压力_____

A. 非常大　　B. 比较大　　C. 一般　　D. 比较小

E. 非常小

22. 请根据您对以下照料者支持政策的期望程度,在相应空格内打√:

支持老人照料者的政策	很期待	较期待	一般	无所谓
1) 希望政府提供丰富廉价的居家养老服务				
2) 希望政府在我家附近多办些老年人日间服务中心				
3) 希望政府提供短期全托的"喘息服务"(3天至1个月)				
4) 希望政府为照料者提供休假保证(如探亲假、照料假等),使他或她有时间照料我				
5) 希望政府为照料者提供照料技能培训				
6) 希望政府为我们提供紧急救助(如在照料者生病、我发生异常等情况时)				
7) 希望政府为照料者提供心理咨询与疏导				
8) 希望政府为照料者提供照料津贴				
9) 希望政府为我们提供促进老人与子女共同居住的相关优惠(如降低首付比例等)				

基 本 信 息

23. 您的性别是_____

   A. 男　　　　　　　　　　B. 女

24. 您的婚姻状态况是_____

   A. 已结婚并有配偶　　　　B. 丧偶

   C. 从未结过婚　　　　　　D. 离婚

   E. 分居未离婚　　　　　　F. 在一起生活但是没有领证

25. 您共生育了几个儿子和女儿（包括领养孩子）？儿子_____个；女儿_____个

26. 您目前有几个活着的孩子（包括领养孩子）？儿子_____个；女儿_____个

27. 您目前和哪些人住在一起？_____（如独居请填无）

28. 您的文化程度是_____

   A. 文盲与半文盲　　　　　B. 小学

   C. 初中　　　　　　　　　D. 普通高中

   E. 职业高中/中专/技校　　F. 大学专科

   G. 大学本科　　　　　　　H. 研究生及以上

29. 您是否有宗教信仰？如有，信什么教？

   A. 没有宗教信仰

   B. 传统中国民间信仰（拜祖先、拜土地公公等）

   C. 基督教　　D. 天主教　　E. 伊斯兰教　　F. 佛教

   G. 道教　　　H. 其他（请注明）_____

30. 在最近三个月内，您的经济来源（包括养老金、房租等）

足够您维持日常开支吗？

    A. 足够有余   B. 足够   C. 刚好够   D. 不够

    E. 非常不够

31. 您有上海市各级政府发放的养老服务补贴（敬老卡除外）吗？

    A. 有   B. 无

参考文献

一、中文文献

（一）养老

1. 曹宪忠、杜江先：《家庭养老——我国现阶段养老制度的必然选择》，载《山东大学学报（哲学社会科学版）》1998年第4期。

2. 陈柏峰：《代际关系变动与老年人自杀——对湖北京山农村的实证研究》，载《社会学研究》2009年第4期。

3. 陈皆明、陈奇：《代际社会经济地位与同住安排——中国老年人居住方式分析》，载《社会学研究》2016年第1期。

4. 陈皆明：《投资与赡养——关于城市居民代际交换的因果分析》，载《中国社会科学》1998年第6期。

5. 《大城养老》编委会编：《大城养老——上海的实践样本》，上海人民出版社2017年版。

6. 杜鹏：《中国老年人居住方式变化的队列分析》，载《中国人口科学》1999年第3期。

7. 杜鹏等：《中国老年人的养老需求及家庭和社会养老资源现状——基于2014年中国老年社会追踪调查的分析》，载《人口研究》2016年第6期。

8. 风笑天：《城市独生子女父母的老年保障问题》，载《北京大学学报（哲学社会科学版）》1991 年第 5 期。

9. 〔美〕葛兰娜·斯皮茨、罗素·沃德、边燕杰：《谈谈美国的家庭养老——兼与中国社会学同仁商榷》，载《社会学研究》1989 年第 4 期。

10. 郭于华：《代际关系中的公平逻辑及其变迁》，载《中国学术》2001 年第 4 期。

11. 贺寨平：《社会经济地位、社会支持网与农村老年人身心状况》，载《中国社会科学》2002 年第 3 期。

12. 胡安宁：《老龄化背景下子女对父母的多样化支持：观念与行为》，载《中国社会科学》2017 年第 3 期。

13. 〔美〕怀默霆：《中国家庭中的赡养义务：现代化的悖论》，载《中国学术》2001 年第 4 期。

14. 李兵、杜鹏：《老龄社会学理论：研究现状和政策意义》，载《人口研究》2005 年第 5 期。

15. 李琬予、寇彧、李贞：《城市中年子女赡养的孝道行为标准与观念》，载《社会学研究》2014 年第 3 期。

16. 刘汶蓉：《孝道衰落？成年子女支持父母的观念、行为及其影响因素》，载《青年研究》2012 年第 2 期。

17. 穆光宗：《独生子女家庭非经济养老风险及其保障》，载《浙江学刊》2007 年第 3 期。

18. 穆光宗：《家庭养老面临的挑战以及社会对策问题》，载《中州学刊》1999 年第 1 期。

19. 穆光宗：《中国传统养老方式的变革和展望》，载《中国人民大学学报》2000 年第 5 期。

20. 裴晓梅：《社会转型期家庭和国家的养老作用》，载《广西民族学院学报（哲学社会科学版）》2003 年第 4 期。

21. 曲嘉瑶、孙陆军：《中国老年人的居住安排与变化：2000～2006》，载

《人口学刊》2011 年第 2 期。

22. 全国老龄工作委员会办公室编:《中国人口老龄化研究论文集》,华龄出版社 2010 年版。

23. 石智雷:《多子未必多福——生育决策、家庭养老与农村老年人生活质量》,载《社会学研究》2015 年第 5 期。

24. 宋金文:《当代日本家庭论与老年人扶养》,载《社会学研究》2001 年第 5 期。

25. 孙鹃娟、沈定:《中国老年人口的养老意愿及其城乡差异——基于中国老年社会追踪调查数据的分析》,载《人口与经济》2017 年第 2 期。

26. 唐美玲:《城市家庭子女对父辈的养老支持分析——苏南四城市老年人生活状况调查》,载《南方人口》2005 年第 3 期。

27. 王金玲:《养老:从福利到权利——兼论"民生政治"》,载《浙江学刊》2016 年第 6 期。

28. 王来华、白宏光、贾德彰:《老年生活保障与对社区的依赖——天津市南开区老年生活保障调查问卷分析》,载《社会学研究》1998 年第 3 期。

29. 邬沧萍、姜向群:《"健康老龄化"战略刍议》,载《中国社会科学》1996 年第 5 期。

30. 吴要武:《独生子女政策与老年人迁移》,载《社会学研究》2013 年第 4 期。

31. 谢桂华:《老人的居住模式与子女的赡养行为》,载《社会》2009 年第 5 期。

32. 许琪:《儿子养老还是女儿养老?基于家庭内部的比较分析》,载《社会》2015 年第 4 期。

33. 许琪:《扶上马再送一程:父母的帮助及其对子女赡养行为的影响》,载《社会》2017 年第 2 期。

34. 鄢盛明、陈皆明、杨善华:《居住安排对子女赡养行为的影响》,载《中国社会科学》2001 年第 1 期。

35. 杨善华、贺常梅：《责任伦理与城市居民的家庭养老——以"北京市老年人需求调查"为例》，载《北京大学学报（哲学社会科学版）》2004年第1期。

36. 姚远：《对中国家庭养老弱化的文化诠释》，载《人口研究》1998年第5期。

37. 姚远：《血亲价值论：对中国家庭养老机制的理论探讨》，载《中国人口科学》2000年第6期。

38. 姚远：《中国家庭养老研究述评》，载《人口与经济》2001年第1期。

39. 原新：《独生子女家庭的养老支持——从人口学视角的分析》，载《人口研究》2004年第5期。

40. 曾毅、王正联：《中国家庭与老年人居住安排的变化》，载《中国人口科学》2004年第5期。

41. 张敏杰：《中外家庭养老方式比较和中国养老方式的完善》，载《社会学研究》1994年第4期。

42. 张友琴：《城市化与农村老年人的家庭支持——厦门市个案的再研究》，载《社会学研究》2002年第5期。

43. 张友琴：《老年人社会支持网的城乡比较研究——厦门市个案研究》，载《社会学研究》2001年第4期。

（二）长期照料

1. 白文辉、丁金锋、唐四元：《居家喘息服务研究进展》，载《解放军护理杂志》2017年第5期。

2. 北京义德社会工作发展中心课题组、唐钧：《长期照护保险：国际经验和模式选择》，载《国家行政学院学报》2016年第5期。

3. 曹信邦：《中国长期护理保险制度构建的理论逻辑和现实路径》，载《社会保障评论》2018年第4期。

4. 陈际华、卞海琴：《社会支持理论下喘息服务介入失能老人家庭照顾问题研究》，载《经济研究导刊》2018年第7期。

5. 戴卫东:《长期护理保险的"中国方案"》,载《湖南师范大学社会科学学报》2017年第3期。

6. 丁志宏:《我国高龄老人照料资源分布及照料满足感研究》,载《人口研究》2011年第5期。

7. 杜安芳:《家庭价值对老年者照顾意愿的影响》,台北大学社会学系2015年硕士学位论文。

8. 杜娟、徐薇、钱晨光:《失能老人家庭照料及家庭照顾者社会支持需求——基于北京市东城区的实证性研究》,载《学习与探索》2014年第4期。

9. 凡芸:《老年痴呆病人家庭照顾者心理健康状况及干预研究》,载《健康教育与健康促进》2009年第1期。

10. 范明林:《老人家庭照料需求和社区服务网络》,载《上海大学学报(社会科学版)》1998年第1期。

11. 谷艳侠:《个人资本对失能老年人接受照料方式的影响研究》,载《实用老年医学》2014年第5期。

12. 郇建立:《病人照料与乡村孝道——基于冀南沙村的田野考察》,载《广西民族大学学报(哲学社会科学版)》2013年第1期。

13. 黄何明雄、周厚萍、龚淑媚:《老年父母家庭照顾中的性别研究概观——以香港的个案研究为例》,载《社会学研究》2003年第1期。

14. 黄匡时:《中国老年人日常生活照料需求研究》,载《人口与社会》2014年第4期。

15. 贾云竹:《老年人日常生活照料资源与社区助老服务的发展》,载《社会学研究》2002年第5期。

16. 姜向群、刘妮娜:《老年人长期照料模式选择的影响因素研究》,载《人口学刊》2014年第1期。

17. 蒋承、赵晓军:《中国老年照料的机会成本研究》,载《管理世界》2009年第10期。

18. 金卉:《失能老人的社会地位与生活照料——基于CLHLS 2011的分

析》，载《浙江学刊》2017 年第 2 期。

19. 景跃军、李元：《中国失能老年人构成及长期护理需求分析》，载《人口学刊》2014 年第 2 期。

20. 刘柏惠：《老年照料服务体系发展国际经验及启示》，载《社会保障研究》2015 年第 2 期。

21. 刘柏惠：《我国家庭中子女照料老人的机会成本——基于家庭动态调查数据的分析》，载《人口学刊》2014 年第 5 期。

22. 刘腊梅、周兰姝、吕伟波、彭鹏：《我国家庭照顾者的研究现状分析》，载《解放军护理杂志》2007 年第 8 期。

23. 刘腊梅、周兰姝：《老年人照顾者的健康状况及其影响因素的调查分析》，载《中华护理杂志》2008 年第 7 期。

24. 刘田静：《上海长期护理保险的实践研究》，载《经济研究导刊》2018 年第 28 期。

25. 刘晓婷、侯雨薇：《子女经济支持与失能老年人的非正式照料研究——基于 CLHLS 的分析》，载《浙江大学学报（人文社会科学版）》2016 年第 4 期。

26. 刘晓雪、钟仁耀：《长期护理保险的国际比较及对我国的启示》，载《华东师范大学学报（哲学社会科学版）》2017 年第 4 期。

27. 马福云：《探索建立全国统一的长期护理保险制度》，载《开放导报》2018 年第 6 期。

28. 毛智慧、李魏、孙晓婷：《"喘息服务"对失能老人及其照护者生活质量和照护负担的影响》，载《护理研究》2018 年第 19 期。

29. 彭青云：《老年人长期照料方式选择偏好的影响因素研究——基于中国老年社会追踪调查（CLASS）数据》，载《老龄科学研究》2017 年第 7 期。

30. 彭荣：《医疗和养老保险与高龄失能老人长期照料支出——基于 CLHLS 数据的实证分析》，载《中国卫生政策研究》2017 年第 1 期。

31. 彭希哲等：《中国失能老人问题探究——兼论失能评估工具在中国长期照护服务中的发展方向》，载《新疆师范大学学报（哲学社会科学版）》2018

年第 5 期。

32. 《全国老年照护服务高峰论坛论文集》，中国文联出版社 2010 年版。

33. 沙莎、周蕾：《城乡失能老人照料成本研究——基于多状态生命表方法》，载《人口与发展》2017 年第 4 期。

34. 山娜：《关注一孩政策后续效应：老年人晚年照料意愿及其影响因素分析》，载《南方人口》2016 年第 4 期。

35. 沈尤佳：《有偿照料如何走进中等收入家庭——照料产业的供需矛盾分析》，载《广东社会科学》2014 年第 2 期。

36. 石人炳、郭轩宇：《欧洲老年人生活照料的特点及启示》，载《华中科技大学学报（社会科学版）》2012 年第 5 期。

37. 石人炳：《我国农村老年照料问题及对策建议——兼论老年照料的基本类型》，载《人口学刊》2012 年第 1 期。

38. 史薇、李伟旭：《城市失能老年人照料资源分布及照料满意度的实证研究——以北京市西城区为例》，载《北京社会科学》2014 年第 11 期。

39. 苏群、彭斌霞、陈杰：《我国失能老人长期照料现状及影响因素——基于城乡差异的视角》，载《人口与经济》2015 年第 4 期。

40. 苏群、彭斌霞：《我国失能老人的长期照料需求与供给分析》，载《社会保障研究》2014 年第 5 期。

41. 苏薇、郑钢：《家庭照料对照料者心理健康的影响》，载《心理科学进展》2007 年第 6 期。

42. 涂晓玲：《居家式喘息服务的利用分析及对策研究——以杭州市西湖区为例》，杭州师范大学 2015 年硕士学位论文。

43. 王来华等：《论老年人家庭照顾的类型和照顾中的家庭关系——一项对老年人家庭照顾的"实地调查"》，载《社会学研究》2000 年第 4 期。

44. 王然：《美、澳发展"喘息服务"的经验和启示》，载《中国社会报》2017 年 6 月 26 日第 7 版。

45. 王上、李珊：《国外喘息服务的发展及对我国居家养老的启示》，载

《东北师大学报(哲学社会科学版)》2014年第6期。

46. 王玉龙、胡昆、申继亮：《家庭照料压力研究中的理论、概念和测量》，载《精神医学杂志》2012年第5期。

47. 王玉龙、申继亮：《负担感、照料满意感对家庭照料者情绪的影响》，载《心理研究》2012年第1期。

48. 王玉龙、申继亮：《脑卒中患者功能独立性与家庭照料者负担感的关系：以社会支持为中介变量和调节变量》，载《心理科学》2012年第1期。

49. 王玉龙：《心理需要的满足是个体承担家庭照料的动因》，载《中国社会科学报》2012年7月23日。

50. 吴蓓、徐勤：《城市社区长期照料体系的现状与问题——以上海为例》，载《人口研究》2007年第3期。

51. 吴帆：《老年人照料负担比：一个基于宏观视角的指数构建及对中国的分析》，载《人口研究》2016年第4期。

52. 吴帆：《中国家庭老年人照料者的主要特征及照料投入差异——基于第三期中国妇女社会地位调查的分析》，载《妇女研究论丛》2017年第2期。

53. 夏传玲：《老年人日常照料的角色介入模型》，载《社会》2007年第3期。

54. 萧丰富：《萧氏舒适护理模式》，台湾华杏出版社1998年版。

55. 熊波、石人炳：《长期失能老人照料决策研究——以个人资本为视角》，载《南方人口》2012年第5期。

56. 熊波：《中国城市长期失能老人照料模式研究——基于武汉和广州的调查》，载《西北人口》2013年第1期。

57. 熊跃根：《成年子女对照顾老人的看法——焦点小组访问的定性资料分析》，载《社会学研究》1998年第5期。

58. 杨菊华、王苏苏、杜声红：《中国长期照护保险制度的地区比较与思考》，载《中国卫生政策研究》2018年第4期。

59. 杨团：《农村失能老年人照料贫困问题的解决路径——以山西永济蒲韩

乡村社区为例》，载《学习与实践》2016 年第 4 期。

60. 于建明：《日本老年长期护理服务体系建设的启示》，载《中国社会工作》2016 年第 8 期。

61. 袁小波：《长期照料中的家庭关系及其对成年子女照料者的影响》，载《兰州学刊》2013 年第 1 期。

62. 袁小波：《人口老龄化背景下的西方家庭照料者研究综述》，载《老龄科学研究》2017 年第 10 期。

63. 曾莉、周兰姝：《喘息服务发展现状及对我国护理工作的启示》，载《中国实用护理杂志：中旬版》2010 年第 12 期。

64. 曾毅、陈华帅、王正联：《21 世纪上半叶老年家庭照料需求成本变动趋势分析》，载《经济研究》2012 年第 10 期。

65. 翟绍果、郭锦龙：《构建和完善老年人长期照料服务体系》，载《中州学刊》2013 年第 9 期。

66. 张登利：《国外老年人"喘息照料"研究及借鉴》，载《中国社会工作》2018 年第 26 期。

67. 张俊娥、苏永静、蔡丽娥、周凤婵：《脑卒中病人家庭主要照顾者照顾能力及其影响因素分析》，载《护理研究》2009 年第 21 期。

68. 张勘、董伟：《上海城市社区失能老人长期照料的现况和政策建议》，载《中国卫生政策研究》2009 年第 9 期。

69. 张翼：《中国老年人口的家庭居住、健康与照料安排——第六次人口普查数据分析》，载《江苏社会科学》2013 年第 1 期。

70. 赵曼、韩丽：《长期护理保险制度的选择：一个研究综述》，载《中国人口科学》2015 年第 1 期。

（三）社会福利与社会政策

1. 〔美〕Neil Gilbert、Paul Terrell：《社会福利政策导论》，黄晨熹等译，华东理工大学出版社 2003 年版。

2. 陈卫民：《我国家庭政策的发展路径与目标选择》，载《人口研究》2012

年第4期。

3. 陈永生：《"社会福利"概念的探析及我国社会福利模式的选择》，载《社会科学》2009年第1期。

4. 房莉杰：《理解我国现阶段的长期照护政策》，载《北京工业大学学报（社会科学版）》2015年第5期。

5. 关信平：《当前我国社会政策的目标及总体福利水平分析》，载《中国社会科学》2017年第6期。

6. 韩央迪：《家庭主义、去家庭化和再家庭化：福利国家家庭政策的发展脉络与政策意涵》，载《南京师大学报（社会科学版）》2014年第6期。

7. 黄晨熹：《社会福利》，格致出版社、上海人民出版社2009年版。

8. 黄红华、时秋云：《社会政策实现机制的整合及其限度——基于对智障和精神残疾人照料服务的实证研究》，载《中共杭州市委党校学报》2016年第1期。

9.〔英〕理查德·蒂特马斯：《社会政策10讲》，江绍康译，商务印书馆（香港）有限公司1991年版。

10. 刘继同、左芙蓉：《"和谐社会"处境下和谐家庭建设与中国特色家庭福利政策框架》，载《南京社会科学》2011年第6期。

11. 刘敏：《社会福利发展指标及其评测研究》，载《经济论坛》2018年第5期。

12. 刘祖云、田北海：《老年社会福利的香港模式解析》，载《社会》2008年第1期。

13. 罗红光：《"家庭福利"文化与中国福利制度建设》，载《社会学研究》2013年第3期。

14. 马广海、许英：《论社会福利：概念和视角》，载《山东大学学报（哲学社会科学版）》2008年第5期。

15. 马焱：《完善老年照料政策应提升性别敏感》，载《中国妇女报》2016年5月10日第B02版。

16. 彭希哲、胡湛：《当代中国家庭变迁与家庭政策重构》，载《中国社会科学》2015年第12期。

17. 彭希哲、胡湛：《公共政策视角下的中国人口老龄化》，载《中国社会科学》2011年第3期。

18. 尚晓援：《"社会福利"与"社会保障"再认识》，载《中国社会科学》2001年第3期。

19. 唐钧：《从社会保障到社会保护：社会政策理念的演进》，载《社会科学》2014年第10期。

20. 王华磊、穆光宗：《长期护理保险的政策研究：国际经验和中国探索》，载《中国浦东干部学院学报》2018年第5期。

21. 王维国、李秀军、李宏：《我国社会福利总体水平测度与评价研究》，载《财经问题研究》2018年第9期。

22. 吴帆：《第二次人口转变背景下的中国家庭变迁及政策思考》，载《广东社会科学》2012年第2期。

23. 严晓萍：《老龄化背景下社会养老政策支撑体系研究》，载《中国市场》2013年第23期。

24. 杨团：《中国长期照护的政策选择》，载《中国社会科学》2016年第11期。

25. 张涛等：《我国医养结合政策发展历程分析》，载《中国医院》2018年第6期。

（四）照料者福利

1. 陈树强：《老人日常生活照顾的另一种选择——支持家庭照顾者》，载《华东理工大学学报（社会科学版）》2002年第3期。

2. 陈瑛：《上海市家庭长期照顾者的照顾支持政策研究——以失能失智老人照顾者为例》，华东师范大学2015年硕士学位论文。

3. 郭忠：《试论"孝老"权利的法律化》，载《学术界》2019年第4期。

4. 李俊：《赡养福利与我国空巢老年人家庭的子女精神赡养》，载《人文杂志》2016年第5期。

5. 梁欢：《上海老年人口家庭照料者的社会支持研究》，上海市社会科学院2015年硕士学位论文。

6. 刘婕、楼玮群：《完善上海居家高龄失能老人亲属照顾者的社会支持系统》，载《华东师范大学学报（哲学社会科学版）》2012年第1期。

7. 刘璐婵：《儿童照料社会服务："工作母亲"的福利——以北欧和日韩为例》，载《人口与社会》2015年第4期。

8. 马焱、张黎：《对女性老年家庭照料者提供公共政策支持的国际经验借鉴》，载《山西师大学报（社会科学版）》2013年第2期。

9. 石人炳、宋涛：《应对农村老年照料危机——从"家庭支持"到"支持家庭"》，载《湖北大学学报（哲学社会科学版）》2013年第4期。

10. 宣卓尔、宫继英：《美国相互保险的发展经验及其对我国的启示》，载《中国保险报》2019年2月12日第8版。

11. 杨黎敏：《失能老人家庭照顾者的社会支持研究——以南京市为例》，载《劳动保障世界》2016年第17期。

12. 袁小波：《构筑家庭照料者社会支持体系》，载《社会福利》2010年第6期。

13. 张东秀：《美国：赡养父母福利多》，载《老同志之友》2014年第22期。

14. 朱浩：《西方发达国家老年人家庭照顾者政策支持的经验及对中国的启示》，载《社会保障研究》2014年第4期。

（五）其他

1. 瞿同祖：《中国法律与中国社会》，中华书局1981年版。

2. 林万孝：《我国历代人的平均寿命和预期寿命》，载《生命与灾祸》1996年第5期。

3. 刘宝驹：《现代中国城市家庭结构变化研究》，载《社会学研究》2000年第6期。

4. 孙立平：《转型与断裂——改革以来中国社会结构的变迁》，清华大学出版社 2004 年版。

5. 王跃生：《中国城乡家庭结构变动分析——基于 2010 年人口普查数据》，载《中国社会科学》2013 年第 12 期。

6. 杨菊华、何炤华：《社会转型过程中家庭的变迁与延续》，载《人口研究》2014 年第 2 期。

7. 杨菊华、李路路：《代际互动与家庭凝聚力——东亚国家和地区比较研究》，载《社会学研究》2009 年第 3 期。

二、英文文献

1. Albert A. Valadez, et al., Family Caregivers of Impoverished Mexican American Elderly Women: The Perceived Impact of Adult Day Care Centers, 3 *Families in Society: The Journal of Contemporary Social Services* 86 (2005), pp. 384-392.

2. Ann K. Carruth, et al., Reciprocity, Emotional Well-being, and Family Functioning as Determinants of Family Satisfaction in Caregivers of Elderly Parents, 2 *Nursing Research* 46 (1997), pp. 93-100.

3. António M. Fonseca, et al., Working Family Carers in Portugal: Between the Duty and the Burden of Caring for Old Vulnerable People, 10 *International Journal of Palliative Nursing* 16 (2010), pp. 476-480.

4. Carol D. H. Harvey, Satomi Yoshino, Social Policy for Family Caregivers of Elderly: A Canadian, Japanese, and Australian Comparison, 1-2 *Marriage & Family Review* 39 (2006), pp. 143-158.

5. C. Usui, H. A. Palley, The Development of Social Policy for the Elderly in Japan, 3 *Social Service Review* 71 (1997), pp. 360-381.

6. David Evans, Exploring the Concept of Respite, 8 *Journal of Advanced Nursing* 69 (2013), pp. 1905-1915.

7. David R. Phillips (ed.), *Ageing in the Asia-Pacific Region: Issues, Policies*

and Future Trends, London: Routledge, 2000.

8. Elizabeth J. Hanson, *et al.*, Supporting Family Carers Using Interactive Multimedia, 11 *British Journal of Nursing* 9 (2000), pp. 713-719.

9. Evi Willemse, *et al.*, Do Informal Caregivers for Elderly in the Community Use Support Measures? A Qualitative Study in Five European Countries, 1 *BMC Health Services Research* 16 (2016), p. 270.

10. E. Light, *et al.* (eds.), *Stress Effects on Family Caregivers of Alzheimer's Patients: Research and Interventions*, New York, NY: Springer Publishing Company, 1994.

11. Gilbert Gimm, Y. Tony Yang, The Effect of Paid Leave Laws on Family Caregivers for the Elderly, 2 *Ageing International* 41 (2016), pp. 214-226.

12. Gosta Esping-Andersen, *Social Foundations of Postindustrial Economies*, New York: Oxford University Press, 1999.

13. Gosta Esping-Andersen, *The Three Worlds of Welfare Capitalism*, London: Polity Press, 1990.

14. Hideki Okabayashi, *et al.*, A Longitudinal Study of Coping and Burnout Among Japanese Family Caregivers of Frail Elders, 4 *Aging & Mental Health* 12 (2008), pp. 434-443.

15. Isabella Paoletti, Membership Categories and Time Appraisal in Interviews with Family Caregivers of Disabled Elderly, 4 *Human Studies* 24 (2001), pp. 293-325.

16. J. Geyer, T. Korfhage, Long-term Care Insurance and Carers' Labor Supply: A Structural Model, 9 *Health Econometrics* 24 (2015), pp. 1178-1191.

17. J. Millar, A. Warman, *Family Obligations in Europe*, Family Policy Studies Centre, 1996.

18. Jame Aronson, Sheila M. Neysmith, The Retreat of the State and Long-term Care Provision: Implications for Frail Elderly People, Unpaid Family Carers and Paid

Home Care Workers, 1 *Studies in Political Economy* 53 (1997), pp. 37-66.

19. James Midgley, Kwong-leung Tang, Individualism, Collectivism and the Marketization of Social Security: Chile and China Compared, 3 *Review of Policy Research* 19 (2002), pp. 57-84.

20. James Midgley, *Social Welfare in Global Context*, Thousand Oaks, CA: Sage Publications, 1997.

21. James O. Billups, Caring for the Carers in a Laggard Welfare State: Crisis and Alternatives, 1 *International Social Work* 31 (1988), pp. 23-32.

22. Janice Keefe, *et al.*, Developing New Strategies to Support Future Caregivers of Older Canadians with Disabilities: Projections of Need and Their Policy Implications, S1 *Canadian Public Policy* 33 (2007), pp. S65-S80.

23. Joseph E. Gaugler, *et al.*, Caregiving and Institutionalization of Cognitively Impaired Older People: Utilizing Dynamic Predictors of Change, 2 *The Gerontologist* 43 (2003), pp. 219-229.

24. Joy Leong, *et al.*, Needs of Family Carers of Elderly People with Dementia Living in the Community, 3 *Australasian Journal on Aging* 20 (2001), pp. 133-138.

25. Julia Twigg (ed.), Informal Care in Europe, University of York: Social Policy Research Unit, 1993.

26. Julia Twigg (ed.), *Carers: Research and Practice*, London: HMSO, 1992.

27. Julie Robinson, *et al.*, A Broader View of Family Caregiving: Effects of Caregiver Conditions on Depressive Symptoms, Health, Work, and Social Isolation, 6 *Journals of Gerontology: Social Sciences* 64B (2009), pp. 788-798.

28. Junko Imaiso, *et al.*, Differences in Home-based Family Caregiving Appraisal for Caregivers of the Elderly in Rural and Urban Japanese Communities, 1 *Journal of Community Health Nursing* 29 (2012), pp. 25-38.

29. J. Ogg, Sylvie Renaut, The Support of Parents in Old Age by Those Born During 1945-1954: A European Perspective, 5 *Ageing & Society* 26 (2006), p. 723.

30. J. M. Mercier, *et al.*, Perceptions of Adult Daughters'of Their Relationships with Their Older Mothers and Fathers, 1 The Gerontological Society of America 51st Annual Meeting 38 (1998).

31. Katharine Y. Kolcaba, The Art of Comfort Care, 4 *Journal of Nursing Scholarship* 27 (1995), pp. 287-289.

32. Krista Tammsaar, *et al.*, Family Caregivers of the Elderly: Quality of Life and Coping in Estonia, 4 *European Journal of Social Work* 17 (2014), pp. 539-555.

33. Lea Baider, Antonella Surbone, Universality of Aging: Family Caregivers for Elderly Cancer Patients, 744 *Frontiers in Psychology* 5 (2014), pp. 1-7.

34. Leandra A. Bedini, Terri Phoenix, Recreation Programs for Caregivers of Older Adults: A Review and Analysis of Literature from 1990 to 1998, 2 *Activities, Adaptation & Aging* 24 (2001), pp. 17-34.

35. Lenard W. Kaye, Jeffrey S. Applegate, *Men as Caregivers to the Elderly: Understanding and Aiding Unrecognized Family Support*, Lexington: Lexington Books, 1990.

36. Linda Pickard, *The Effectiveness and Cost-effectiveness of Support and Services to Informal Carers of Older People: A Review of the Literature Prepared for the Audit Commission*, London: Audit Commission, 2004.

37. Lisa S. Kelley, *et al.*, Access to Health Care Resources for Family Caregivers of Elderly Persons with Dementia, 1 *Nursing Outlook* 47 (1999), pp. 8-14.

38. Louise Lévesque, *et al.*, A One-year Follow-up Study of Family Caregivers of Institutionalized Elders with Dementia, 4 *American Journal of Alzheimer's Disease and Other Dementias* 15 (2000), pp. 229-238.

39. Magnus Jegermalm, Direct and Indirect Support for Carers, 4 *Journal of Gerontological Social Work* 38 (2003), pp. 67-84.

40. Margaret J. Bull, Ruth E. McShane, Needs and Supports for Family Caregivers of Chronically Ill Elders, 2 *Home Health Care Management & Practice* 14 (2002),

pp. 92-98.

41. Michael Hirst, Carer Distress: A Prospective, Population-based Study, 3 *Social Science & Medicine* 61 (2005), pp. 697-708.

42. Michael J. Moore, et al., Informal Costs of Dementia Care: Estimates from the National Longitudinal Caregiver Study, 4 *Journal of Gerontology: Social Sciences* 56B (2001), pp. S219-S228.

43. Miho Yamada, et al., Family Caregivers and Care Manager Support Under Long-term Care Insurance in Rural Japan, 1 *Psychology, Health & Medicine* 14 (2009), pp. 73-85.

44. Miriam J. Stewart, et al., Peer Visitor Support for Family Caregivers of Seniors with Stroke, 2 *Canadian Journal of Nursing Research* 30 (1998), pp. 87-117.

45. Osamu Matsuda, Reliability and Validity of the Subjective Burden Scale in Family Caregivers Elderly Relatives with Dementia, 2 *International Psychogeriatrics* 11 (1999), pp. 159-170.

46. Patricia M. San Antonio, et al., The Importance of Relationship: Elders and Their Paid Family Caregivers in the Arkansas Cash and Counseling Qualitative Study, 1 *Journal of Applied Gerontology* 25 (2006), pp. 31-48.

47. Peggye Dilworth-Anderson, et al., Family Caregiving to Elderly African Americans: Caregiver Types and Structures, 4 *The Journals of Gerontology: Social B* 54B (1999), pp. S237-S241.

48. Peter V. Eeuwijk, Old-age Vulnerability, Ill-health and Care Support in Urban Areas of Indonesia, 1 *Ageing & Society* 26 (2006), pp. 61-80.

49. P. L. Hazell, et al., Children with Disruptive Behaviours II: Clinical and Community Service Needs, 1 *Journal of Paediatrics and Child Health* 38 (2002), pp. 32-40.

50. R. Rose, R. Shiratori (eds.), *The Welfare State: East and West*, Oxford: Oxford University Press, 1986.

51. Robert L. Barker, *The Social Work Dictionary* (4th ed.), Washington, DC: NASW Press, 1999.

52. Robert T. Woods, et al. , Support in the Community for People with Dementia and Their Carers: A Comparative Outcome Study of Specialist Mental Health Service Interventions, 4 *International Journal of Geriatric Psychiatry* 18 (2003), pp. 298-307.

53. R. H. Lawrence, et al. , Quality of the Caregiver-Care Recipient Relationship: Does it Offset Negative Consequences of Caregiving for Family Caregivers? 1 *Psychology and Aging* 13 (1998), pp. 150-158.

54. R. J. V. Montgomery, et al. , Caregiving and the Experience of Subjective and Objective Burden, 1 *Family Relations* 34 (1985), pp. 19-26.

55. Sandy C. Bergener, et al. , Caregiver and Environmental Variables Related to Difficult Behaviors in Institutionalized, Demented Elderly Persons, 4 *Journal of Gerontology* 47 (1992), pp. 242-249.

56. Sharon Warren, et al. , The Impact of Adult Day Programs on Family Caregivers of Elderly Relatives, 4 *Journal of Community Health Nursing* 20 (2003), pp. 209-221.

57. Silvia Sörensen, et al. , Dementia Care: Mental Health Effects, Intervention Strategies, and Clinical Implications, 11 *Lancet Neurology* 5 (2006), pp. 961-973.

58. Steven H. Zarit, et al. , Relatives of the Impaired Elderly: Correlates of Feelings of Burden, 6 *The Gerontologist* 20 (1980), pp. 649-655.

59. S. O. Daatland, K. Herlofson, 'Lost Solidarity' or 'Changed Solidarity': A Comparative European View of Normative Family Solidarity, 5 *Ageing and Society* 23 (2003), pp. 537-560.

60. Takashi Hosaka, Yoko Sugiyama, Structured Intervention in Family Caregivers of the Demented Elderly and Changes in Their Immune Function, 2 *Psychiatry & Clinical Neurosciences* 57 (2003), pp. 147-151.

61. Tim Doran, et al. , Health of Young and Elderly Informal Carers: Analysis of

UK Census Data, 7428 *British Medical Journal* 327 (2003), p. 1388.

62. T. F. Chen, L. H. Huang, Caregiver Efficacy and Efficacy Determinants for Elderly Care Recipients Who Accept Home Respite Care in Taiwan, 1 *The Journal of Nursing Research* 18 (2010), p. 8.

63. United Nations, Department of Economic and Social Affairs, Population Division, World Population Prospects 2019: Highlights, 2019.

64. Yewoubdar Beyene, *et al.*, Perception of Aging and Sense of Well-being Among Latino Elderly, 2 *Journal of Cross-Cultural Gerontology* 17 (2002), pp. 155-172.

65. Yumiko Arai, *et al.*, Factors Related to Feelings of Burden Among Caregivers Looking After Impaired Elderly in Japan Under the Long-term Care Insurance System, 4 *Psychiatry & Clinical Neurosciences* 58 (2004), pp. 396-402.

66. Yumiko Momose, *et al.*, A Trial to Support Family Caregivers in Long-term Care Insurance in Japan: Self-help Groups in Small Communities, 6 *Home Health Care Management & Practice* 15 (2003), pp. 494-499.

后　记

　　这是一本薄薄的专著，但也包含了我很多的心力。从我的研究兴趣来说，一开始并不想在养老领域投入过多精力，有点老年法方面的思考即可。2012 年修订《老年人权益保障法》时，精神赡养规定曾引发社会各界的热议，我也被卷入其中。在精神赡养方面的研究中，我查阅了很多国外文献，发现国外社会福利制度中对家庭照料者有很多有效的支持策略，这引发了我极大的兴趣。为什么不那么强调家庭养老至上的国家也开始支持家庭养老了呢？它们是基于什么样的考虑，又是如何制定法律政策的？法律政策的实施效果又如何呢？再联系中国的国情思考这个问题，转型时期的中国需要支持家庭养老吗？如果需要，又应该如何支持呢？

　　转了一圈，发现我又回到了我一直关注的研究问题，即中国社会的转型。无论是第一本专著对农村纠纷的研究，还是第二本专著对农民工城市创业的研究，我都是基于社会转型的背景考察不同的社会群体。这本书仍然如此，因为考察养老这个涉及民生的领域，必须先思考社会转型对家庭养老的冲击，然后才能提出切实可行的对策，使个体、家庭与社会和谐共生。

　　虽然很多人认为养老研究没有太多理论可言，主要是实证研究，但不尽然。老年福利是社会福利制度的重要组成部分，与老年人密切相关的家庭照料者也应该是社会福利制度关注的对象。所以，照料者福利的理论研究也应该加强，如研究照料者福利的必要性、照料者福利的含义与内容。养老领域的实证研究当然是必需的。因为没有实证研究的支撑，相关法律政策的制定可能会走偏，实施效果会不理想。所以，在得到国家课题经费支持后，我马上组织了一个调研团队，包括研究生与本科生，并以本科生为主，因为这个题目也是他们参加"挑战杯"全国大学生课外学术科技作品竞赛的题目。从前期访谈、文献查阅、问卷设计、问卷调查到数据录入与分析，这些学生贡献了许多，成长了许多。而我在指导他们完成"挑战杯"报告之后，又作了深入的分析，最终形成了三篇论文。一篇是理论思考，已经发表，另两篇是定量研究，一篇英文，一篇中文，还在最后的审稿阶段。2017年年初的问卷调查与这三篇论文是这本书的基础。其实，直到2018年年底还没有想过出书，觉得每做一项课题就出一本书实在太累了，我应该把主要精力放在我更有兴趣的法律社会学上。可转念一想，照料者福利开拓了我国社会福利制度的一个新的领域，如果不以专著的形式呈现，可能不会引起太多关注。于是，我只好"牺牲"2019年寒假和暑假，让这本书"浮出水面"。

个人认为，这本书最大的贡献是归纳了国外在照料者福利方面的经验，整合了不同学科从不同角度思考照料者福利的观点，由此形成了我国照料者福利的整体制度设计，包括承认和保护照料者权利的法律政策、合理构建长期护理保险制度与实施全面而灵活的照料者支持策略。

诚然，我国的国力还不足以支撑照料者福利的所有方面，但也许有些时候并不是我们不能而不为，而是我们不知而不为。而这就是学术研究的价值所在，即在扎实的理论与实证研究的基础之上，提出可行的建议，为法律政策的制定与完善打下坚实的基础。

最后再次感谢一直关心与支持我的家人、朋友、同事和学生。没有你们容忍我诸如陪伴的缺席、在朋友圈的消失、不停地回答我的问题、不停地被我催促着干活等，我实在无法拿出这本书。未来的日子还很长，希望我也能帮到你们，让我们一起成长。

2019 年 8 月 18 日
于美国加州伯克利